EXPLORING THE NATIONAL CANDY STORES

全国駄菓子屋探訪

100コ+5
くじ引きデコシール
Jewelry Deco
パナソニック
フェア

すず
あつめるんです!

はじめに

「最も強い者が生き残るのではなく、最も賢い者が生き残るのでもない。唯一生き残るのは、変化する者である」　チャールズ・ダーウィン

少年時代、私のそばにはいつも、駄菓子屋があった。
初めて、一人で買い物をしたときも。
初めて、他校生との決戦で敗北を喫し、悔し涙を流したときも。
初めて、その無き跡地に立ち、少年時代の終焉を感じたときも。
その舞台は駄菓子屋だった。

時は流れ青年時代。少年時代も駄菓子屋通いも、いつしか遠くなりにけり……。
社会の荒波に揉まれ、「幸せの青い鳥なんていない」と分かり始めた頃、私は東京下町で、とある駄菓子屋に偶然出合った。年季の入った日本家屋で、赤いガチャガチャに白いアイスBOXが入口に鎮座。店内には、無造作に置かれた駄菓子、奥に座るおばあちゃんの温かな佇まい。まさしく私が描いていた駄菓子屋像そのものだった。
地元の駄菓子屋はほぼ全滅。昭和とともに滅び去った文化とさえ思っていた私は、くまなく町を探し回れば駄菓子屋はまだあるという事実にたどり着き、東京下町を中心に調査・記録するアドベンチャーを開始。
以来、私は10年以上にわたり、駄菓子屋文化の意義・素晴らしさを世に発信してきた。
バブル崩壊を経て、日本で一番購買客が幼く、日本で一番購買額が小さく、少子化の波を最も受けるがゆえ、レッドリスト（絶滅危惧種）候補に名を連ねていた駄菓子屋商売だが、実情は違う。滅ぶどころか見事に環境に適応し、駄菓子を売る店としてだけではなく、子どもと大人、街と人々を繋ぐ大切な居場所として認知され始めているのだ。
また、子どもの頃に通った駄菓子屋のおじちゃん・おばちゃんへのリスペクトを胸に秘め、SNSを駆使する新規開店組も増えている。
ダーウィン風に言えば、「駄菓子屋は時代に適応し、進化を続けている」といったところだろうか。
本書では、特色ある全国各地の店をピックアップし、その外観や内観、歴史や店主の考えを通じ、駄菓子屋文化の奥深さを紹介している。
またコラムでは、江戸期からの駄菓子をまとめた私の心の師匠とともに巡る駄菓子の旅や、戦後の駄菓子屋の系譜、問屋・メーカーの想い、各地のローカル系駄菓子など、一つの側面だけでは語り尽くせない駄菓子屋文化をさまざまな角度から紹介している。十数年にわたり駄菓子屋文化を追い求め、世間より“駄菓子屋ハンター”の異名を賜わるようになった私の遥かなる駄菓子屋メモリーをご覧いただきたい。

土橋 真

ナタデココ
1本￥15
￥40-
￥60-

CONTENTS

INTRODUCTION

INTERVIEW

COLUMN

CANDY STORE TOURS

CONTENTS

カバー写真：原商店

※本書の内容は令和4年12月現在のものであり、その後状況が変化していることもありますので予めご了承ください。
※本書掲載の店舗の定休日、営業形態、営業時間等は予告なく変わることがあります。詳細は各店にご確認ください。
※お店の方や店内における感染症対策の備品等を、撮影のために一部外していただいている場合があります。実際の状況とは異なりますので、ご了承ください。

シールコレクション
SUPER MARIO
ENSKY
シールコレクション Neo
No.30 20付+2 連続当
ドラえもん
シールコレクション
NO.30 20付+2 連続当
ENSKY
すみっコシールコレクション
No.30 20付+2 連続当
iwako
おもしろ消しゴム
バラエティボード24
60
80

INTRODUCTION

CHILDREN'S KNOWLEDGE OF
HOW TO PLAY A CANDY STORE

子どもの駄菓子屋遊び心得

一つ　盗まないでね

一つ　ルールを守ってね

一つ　当たりは買ったお店で交換してね

一つ　楽しんでいってね

一つ　友達同士でのお金の貸し借り、
おごりおごられはしないでね

一つ　くじ・ゲームの過度なやりこみは
注意してね

一つ　学校、親、友達に言いづらいことが
あったら、遠慮なく言ってね

以上

大人の駄菓子屋探訪心得

一つ

無断で写真·動画を撮るべからず

勝手にネットにアップするなど言語道断の所業である。

一つ

その店独自のルール(掟)を尊重するべし

お店にはそれぞれルールがある。自身が気付かずルール違反をしていないか省みること。

一つ

主役は子どもたちである事を意識せよ

大人は「木の上に立って見ている」存在。悪さ・ルール違反をするならいざしらず、常時は、黙って見守るが粋で雅な大人の姿というもの。

一つ

入店に必要なのは礼儀とマナー、そして少しの勇気と幾ばくかのお金なり

大人もかつての子ども。勇気を持って入店し、大いに楽しもう。店主の話に耳を傾け、長きに渡る労をねぎらえるようになれば、それこそ真の駄菓子屋探訪者といえよう。

一つ

マニアたる者、紳士·淑女であれ

駄菓子屋、駄菓子·駄玩具、昭和レトロ、趣きある建屋など。多岐にわたる好事家の世界だが、過度な干渉や鑑賞、行き過ぎた言動は失礼の極み。節度を持って行動すること。

以上

消火器

ADVICE ON
EXPLORING CANDY STORES

駄菓子屋探訪へのアドバイス

現在、新規開店や廃業のお知らせ、ネットに出てこない駄菓子屋のことなど、私の元には多くの駄菓子屋情報が寄せられる。ありがたいことである。

しかし、ネット上でもほとんどヒットせず、駄菓子屋をめぐっている人間が皆無に等しかった2011年当時、どのように駄菓子屋を見つけていたのか？

答えは"耳目を頼りに足で稼ぐ"ただ一択であり、ロールプレイングゲームさながら、町を隈なく歩き、人に教えてもらい、発見する。そのようなことを繰り返していたのである。

これから駄菓子屋探しをしてみたい皆様へ。世間より"駄菓子屋ハンター"の異名を賜るようになった私から、あくまで都市部を例にだが、少しアドバイスをさせていただきたい。

【歩くエリア】
①学校そば・公園そば
②商店街の脇道・旧街道沿い
③地名に「本町」とつくエリア
④豆腐屋・銭湯の残るエリア
※①②は子どもが集まり、③④は持ち家率の高さから駄菓子屋が残っている可能性が高い！

【話を聞く人】
駄菓子屋の有無を知っていると思われる順位
①子ども連れの親子（子どものみのグループには不審がられる可能性あるため、控える）
②郵便配達員
③商店主
④警察官（職務質問されたら、事情を説明し逆に聞いてみる）
※聞く際、忙しい時間帯は避ける。できる限り丁寧に

今はSNSを展開している駄菓子屋も多いので、まずは近場の駄菓子屋をチェックして、営業時間と住所を確認してから訪問、場数をこなしてレベルアップしてから、他エリアの駄菓子屋探しに旅立つことをおすすめする。

また、駄菓子屋を探し当てたとしても、注意点はごまんとある。

品揃え、店構え、そして子どもたちも駄菓子屋として認識していても、本業が別にあり、肝心の店主が自分の店を駄菓子屋と認識していないケースがある。

現役で頑張られているため、昔懐かしい、昭和レトロという言葉は、言われた側が不愉快に感じることもあるだろう。それを売りにしている店もあるが、こちらから言うのは控えた方がよい。

そしてお話を聞く以上、必ずそのお店で駄菓子を買うこと。たとえ小さな買い物でも、それが駄菓子屋文化を残していく一助になるのだから。スマホ決済ができる店も増えてきてはいるが、基本は少額の現金のやり取りになる。お店の迷惑にならないよう、小銭を持っていきたい。

店主の体調や機嫌の悪い日だってあるに違いないし、コロナ禍では何より自分の体調も鑑みることも忘れずに。

皆様が実りある駄菓子屋探訪ライフが送れるよう、切に願っている。

10
10
10
10

INTERVIEW

—

時代は変われど、変わらずに今も残る店。
時代に合わせて、新しいスタートを切る店。
それぞれの店に続ける理由、始める理由がある。
「子どもの笑顔が見たい」その想いはひとつ。

“かつての”子どもたちへ贈る
駄菓子屋文化を紡ぐ店主たちへのインタビュー。

INTERVIEW 01

“サッちゃん”に会いたくて

サッちゃんち

DATA

創業　昭和57(1982)年5月15日
店主　松島幸子

4つの道が交差する辻に構えるサッちゃんち

鉄板は譲り合って使う。下校後に来る16時から17時は子どもたちが優先

伊勢崎のもんじゃは、甘い

「サッちゃんちに行ってきます！」。学校から帰ると、子どもたちはそんなふうに行き先を告げて家を飛び出す。「サッちゃん」とは店主である松島幸子さんのあだ名。駄菓子ともんじゃを提供するこの店は、近所の子どもたちが一日に何度も顔を出す、特別な場所になっている。

創業は1982年（昭和57年）。幸子さんの実家が家を建て替えたとき、たまたま土地の一角が空いたため、開業を思い立った。

「私が子どもの頃、市内には店の隅でもんじゃ焼きを食べさせてくれる駄菓子屋がたくさんあったんです。でも、いつの間にかこのあたりにはそんな店がほとんど無くなってしまって、さみしさを感じていました」

伊勢崎のもんじゃの特徴は、生地にいちごシロップが入っていること。当地では、それを「あま」と呼んでいる。未体験者は、もんじゃにシロップが混ざっていると聞いただけで尻込みしてしまうが、実際に食べてみるとその予想は心地よく裏切られる。ほどよい甘味と酸味がソースの香ばしさにマッチし、大人の舌にも爽やかな刺激をもたらしてくれる。

「もんじゃに、いちごシロップは当たり前。どうしてこの味が全国に広まらないのか、不思議でならないの」と首をかしげる幸子さん。その言葉に「なるほど」とうなずくと、アルミ製のカップをスプーンで手早くかき混ぜて、別のもんじゃを作ってくれた。

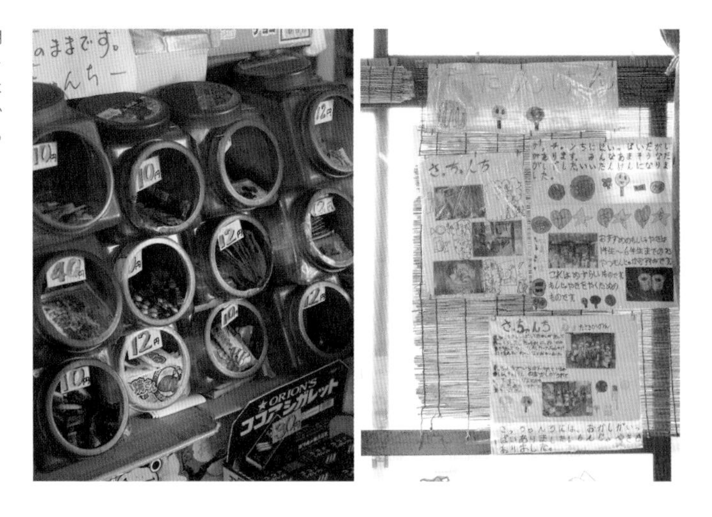

左／駄菓子は容器を再利用して、見やすくレイアウトされている　右／子どもたちのレポートからも、いかにこのお店が愛されているかが窺える

二品目は、さきほどのシロップ入りもんじゃにカレー粉を混ぜ合わせた、「あまから」という味の逸品。カレー味のもんじゃは珍しくないが、ほのかないちごの甘酸っぱさが、カレーの辛さと絶妙に絡み合い、未知の世界へと誘ってくれた。店内に漂ういちごとカレーの香り。伊勢崎の人たちは、子どもの頃からこれを当たり前のように嗅いで、大人になっていったのだろう。ふと足元に目をやると、鉄板の下で七輪がやさしい炎を灯していた。

「うちのもんじゃは、昔のもんじゃよりも味が濃くて、具がいっぱい。キャベツ、あげ玉、桜えび、切りいか、コーン、ポテト、たまご、青のりなどが入っています。通のお客さんはここにベビースターラーメンを砕いたりして、自分だけのオリジナルの味を作っているんですよ」

いちごシロップの入った伊勢崎名物「あま」のもんじゃ焼きはクセになる味わい

驚くのはその味だけではない。店内に張られた価格表を見て、目を疑わない人はいないだろう。もんじゃ一人前280円（税込）。さらに具がたくさん入ったスペシャルを頼んでも380円（税込）。味は「ソース味・カレー味・あまから・あま」の4種類。シロップとカレー粉を増した「おおから」「おおあま」はプラス30円。小学生は150円（税込）の「おやつもんじゃ」として同様の味が楽しめる。材料費を考えただけで、原価割れは容易に想像できるのだが……。

「儲けを考えたらこの商売は続けてられませんよ。でも子どもたちの笑顔が私に元気を与えてくれるし、やりがいを感じさせてくれるんです。卒業した子どもたちが突然訪ねてきたり、就職して土地を離れた子が帰省のときにふらっと寄ってくれたり、結婚して子どもを連れて親子でもんじゃを食べに来てくれたり……」

そんな話を遮るように、自転車にまたがった

お店には下校した子どもたちが
「ただいま〜」と訪れる

子どもが店に顔をのぞかせ、大きな声で叫んだ。

「サッちゃーん！　〇〇くんが来たら、公園でサッカーしているって伝えてください！」

「よし、わかった！　伝えとく。気をつけてね！」

　子どもたちとサッちゃんの距離は、まるで友だちのようであり、親子のようであり、きびしい先生と教え子のようでもあり……。日常の生活の中の、気の置けないやりとりは、そのどれにも属さない自然な関係だった。サッちゃんは子どもたちの悩みや愚痴に耳を傾け、社会のルールをさり気なく教える。子どもたちが店の中で騒ぎすぎたり、ごみを散らかしたり、友達同士でお金の貸し借りをしたり、大人になれなれしい口をきくと、それはいけないことだと教え諭すそうだ。

　気がつくと、食べ残しのもんじゃが鉄板の上でカリカリに焼けて、膜を作っていた。サッちゃんはそれをへらでこそいで皿の上へ。

「ほら、ここが一番おいしいところ。もんじゃには無駄なところがないんです」

　店内の張り紙にもあるように、サッちゃんちでは、もんじゃを食べ終わったら、鉄板の上を自分で掃除するのがルール。それにしたがって、カスを鉄板の上に残さないように、もんじゃをきれいに平らげる。

　子どもも大人も心地よく過ごせる駄菓子屋。サッちゃんちのもんじゃは、いつでもいつまでもほんのり甘く、人々を迎え入れてくれる。

サッちゃんちのもんじゃは具沢山。左手前に見えるのが「あま」の味の決め手・いちごシロップ

1.もんじゃに並ぶもう一つの名物・玉せん。えびせんに卵焼きが乗って100円　**2**.年季の入った鉄板は2代目。熱源はガスではなく七輪　**3**.駄菓子の消費税は8％のまま据え置き

INFORMATION

サッちゃんち
群馬県伊勢崎市寿町208-3　☎0270-23-7835
営業時間：13：00～18：00（子どもの時間16：00～17：00）
定休日：火曜日・水曜日（祝日の場合は営業）　アクセス：東武伊勢崎線・JR両毛線「伊勢崎駅」徒歩17分　北関東自動車道「伊勢崎インター」車6分

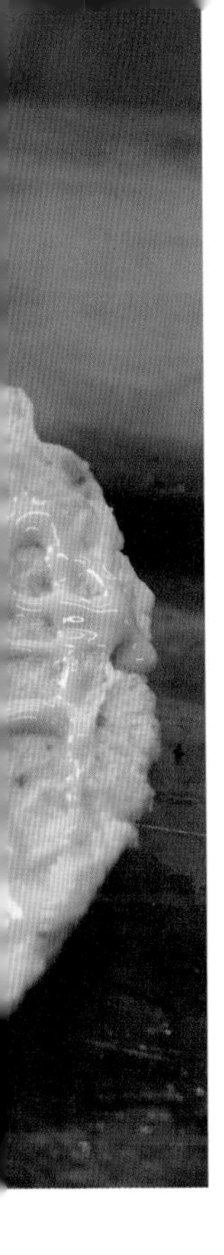

4.創業から40年経った今もサッちゃんの笑顔は変わらない　5.開店当初のサッちゃん。オープン当日は長蛇の列ができたという　6.コロナを機に始めた「ぼやき帳」。最初のページには苦しい胸の内が見える　7.「ぼやき帳」にはかつての子どもたちの嬉しい訪問も綴られている

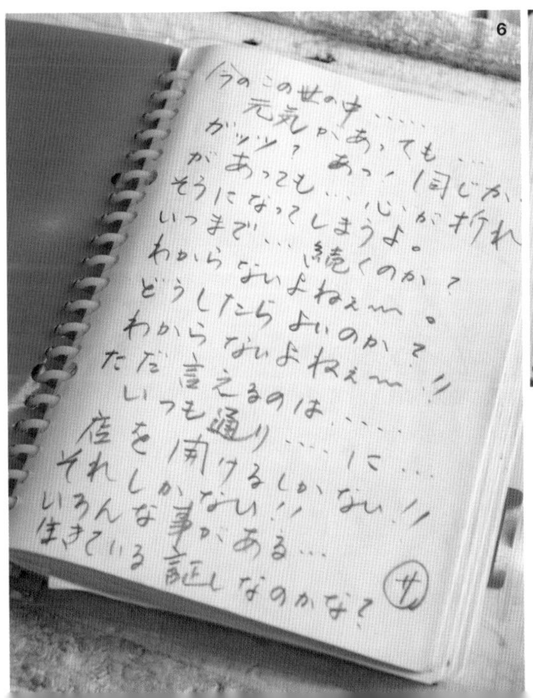

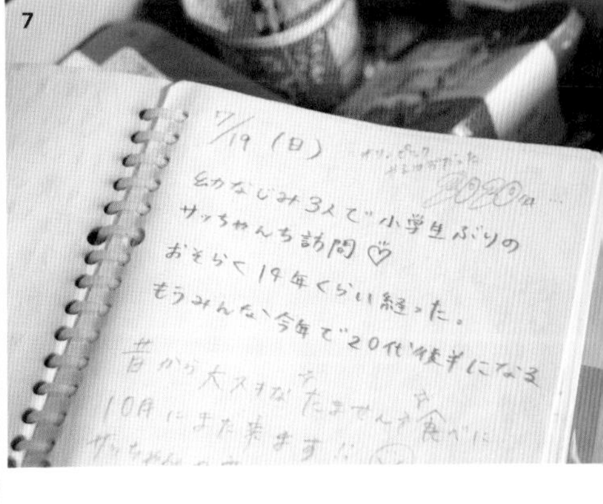

COLUMN

(01)

少年時代が終わった日

ババヤが空き地になった。かつて、毎日通った駄菓子屋無き跡地を見たとき、ボクの少年時代は終わった……。

「ババヤ」とは、私の地元である東京の下町、台東区は駒形にあった駄菓子屋。家から徒歩2〜3分の場所にあり、正式名称は「小島商店」といった。しかし、その名で呼ぶ者は誰もおらず、地元の子どもたちの間では誰から教わった訳でもなく、代々「ババヤ」という愛称が引き継がれていった。私が物心ついた昭和58年（1983年）頃に、おばちゃんはすでに『ババヤのおばちゃん』だった。初めて一人で買い物をしたのも、公園や友達の家に行く際の補給基地になったのもババヤだった。

他校生との縄張り争いが勃発したときには、お互いの生徒たちが「ババヤは俺たちの小学校のモノ（本拠地）だ〜!」と言い合いになったのも良い思い出である。

「店の中でケンカしたなら、店の中で仲直りする。それがうちのルール!」

縄張り争いを繰り広げた近隣小学校の同世代の生徒たちとは、おばちゃん仲立ちのもとに結ばれた店内停戦合意により、なんだかんだで仲良くなった。こうしたルールは、世代を超えて地元の子どもたちにだけ伝わっていく“不文律の掟”だった。

「『こんにちは』『ありがとう』『ごめんなさい』この三つができれば、勉強なんてできなくても大丈夫」

おばちゃんがよく言っていた「生きていく上で大切なこと」は、社会に出てから改めてその通りだったと気づいた。当たり前のことすらできない大人が増えてしまった現代日本を、関東大震災前後に生まれたおばちゃんが見たら、どう感じるのだろうと思いを馳せる。

小学校高学年になる頃、世はバブル崩壊前夜。眼鏡を掛けたおじさん全員が成金に見えた。多くの大人たちは金銭的余裕を享受し、多くの子どもたちもまたその恩恵としてファミリーコンピューターを与えられた。バブルの異常な熱気は、人々になにごともコンティニュー可能だと錯覚させた。都市部における、地上げからのマンション建設ラッシュは、昭和の面影と地域社会を丸ごと背負い投げした。そして、新たなマンション住民たちを擁した地域社会は、昭和と同じ町の“絆”を完全にはコンティニューできなかった。子どもを通じてかろうじて地域を繋ぎとめる最前線に躍り出た駄菓子屋も、その重要性を認知されぬままバブルの余韻に飲み込まれていった。東京に限って言えば、バブル期の地上げラッシュで廃業を余儀なくされた駄菓子屋より、バブル崩壊後に人知れず無くなっていった駄菓子屋の方が多かったと後に気づく。

　ババヤも同じだった。徐々に声変わりしていくにつれて、ババヤに足を向けることは少なくなっていった。そこにさしたる理由なんてなかった。

　今にしてみたら、虫の知らせだったのであろう。母方の祖母、父方の祖母、母方の祖父と3年連続で大切な人を亡くした高校生の私が久しぶりに訪れたババヤ。平成7年（1995年）のこと。ただおばちゃんに会いたかった。元気でいて欲しかった。

　駄菓子の種類が数年前の半分くらいになっていて、少し白髪が増えたおばちゃん。

「久しぶりだね。元気?」と言った私へ向けられた、おばちゃんの笑顔とババヤの匂いだけは、昔のままだった。

「最近は来る子も減っちゃって……」

　おばちゃんの口から初めて愚痴らしき言葉を聞いたのが、私がおばちゃんに会った最後の日だった。

　数カ月後、ババヤは取り壊される事になる。雑草の生い茂るババヤ無き、その思い出深い場所で立ち尽くした17歳の冬。永遠に続くと思っていた、ボクの少年時代は終わった。

　青年時代は過ぎ去り、中年に差し掛かった令和4年。おばちゃんに教えてもらったこと。それらを大切に守りながら、駄菓子屋の意義・役割・素晴らしさを世界に発信することをライフワークとしている。「駄菓子屋文化を日本遺産に」するために、先人なき道を一人走り続けるボクの原点、駄菓子屋・ババヤ。

　今でも駄菓子屋を訪れ、駄菓子の匂いと優しいぬくもりに包まれる度、おばちゃんのことを思い出す。

　言えなかった「ありがとう」の言葉とともに……。

1.6歳の兄（左）と4歳の筆者。プラモデルを買ってもらい満面の笑み　**2**.11歳頃、小学校で行ったディズニーランドではしゃぐ　**3**.17歳、高校の体育の授業。この頃にちょうどババヤが無くなった

INTERVIEW 02

アーケードの中の社交場

赤城屋

アーケード式商店街の一画に店を構える赤城屋

DATA

創業	昭和47(1972)年
店主	遠藤幸二

露店形式の赤城屋。開店準備の際に、発泡スチロールに収納された商品を並べていく

商店街に残る露店の駄菓子屋

あえてカテゴライズするならば、アミューズメントパーク型と呼ぶべきだろうか。小型アーケード式商店街の片隅にあるこの店は、ゲームに興じる子どもたちの笑い声が絶えない、そんな駄菓子屋である。

場所はJR武蔵野線「南越谷駅」、東武伊勢崎線「新越谷駅」から歩いて15分ほどのところにある「富士ショッピング」の中。正確には店舗ではなく、露店のような形で営業している。店主、遠藤幸二さんは1972年（昭和47年）に、この場所でおでん屋を開業。出身地、群馬県の赤城山にちなんで「赤城屋」と名づけられたが、現在は屋号を掲げた看板はなく、ここに通う子どもたちは「ショッピング」なんて呼んでいたりする。

「今はほとんどのお店が商売をやめてしまいましたが、近隣に大型スーパーができる前は、いつも買い物客で賑わっていました。肉屋、魚屋、八百屋、豆腐屋、乾物屋、菓子屋、薬屋、本屋……。50メートルほどの道に18店舗が軒を連ねていて、ここに来ればなんでも揃ったんですよ。当時、このあたりは田んぼばかりで、お客さんはみな自転車でやってきました」

店先に屋台があるのは、おでん屋を営んでいたときの名残。現在は屋台に商品をぶら下げ、酒屋でもらった一升瓶ケースや、魚屋でもらった発泡スチロールの箱を陳列台にして、駄菓子を販売している。

「うちが駄菓子屋になったのは20年くらい前だったかな？　最初はおでんの材料が中心でしたが、徐々にお菓子を扱うようになって、閉店し

かつては18店舗が軒を連ねた「富士ショッピング」だが、現在はほとんどの店が閉まっている

た本屋さんから譲り受けたガチャガチャを置いたら、近所の子どもたちがたくさん集まり出したんです」

店の奥には今もゲーム機が置かれている。10円玉をレバーで弾いて、最後の穴まで到達すれば、20円分の駄菓子と交換できるチケットがもらえる、いわゆる『駄菓子屋ゲーム』だ。コンピュータゲームに慣れ親しんだ今の子どもたちは、こんなゲームに見向きもしないと思いきや、これが大人気。学校が終わる午後3時すぎになると、大勢の子どもたちがやってきてゲーム機を囲む。

ところがこのゲーム、さすが年代物とあって故障が非常に多い。手先が器用な遠藤さんは、そのたびに部品を自作して修理しているが、それでも途中で10円玉が引っかかったり、景品が出てこなかったりする。すると、子どもたちは「またか」というような困った顔をして、苦情を訴える。「おじさーん、また詰まりました！」。遠藤さんはポケットからカギを取り出して機械を開け、中をのぞきこむ。数分後、故障箇所を見つけて問題解決。「おじさん、ありがとう」。一日に何回も繰り返されるそんなやりとりが、赤城屋の日常風景だ。

「子どもたちが成長して親になり、今度は子どもを連れて遊びに来てくれる。そんな出会いがたくさんあったことが、この仕事を続けてきた喜びですね」

開店から閉店まで、ずっと店先に出突っ張りの遠藤さん。ゆっくりできるのはお昼を食べるときだけだというから恐れ入る。88歳になった今も商品の仕入れのため、週に一度、ハンドルを握って市場へ。

「元気の秘訣は、毎日ここで子どもたちと遊んでいるからですが、そろそろ自動車免許を自主返納しなければならないと感じています。そのときがこのお店を閉めるときかな？」

左／屋台はおでん屋時代の名残。今は商品のディスプレイ棚になっている　右／大人気のアナログゲーム。頻繁に起こる故障もその都度遠藤さんが修理する

店主の遠藤幸二さん。米寿を迎えた今も優しい笑顔で子どもたちを迎える

遊びやゲームが多様化した現代でも、駄菓子屋に通う子どもたちのワクワク感は変わらない

遠藤さんがお昼を食べている間は、奥様が代わりに店番をしている。奥様によると、遠藤さんがこの商売を長く続けられてきたのは、「子どもが大好きだから」。それでも子どもが悪さをしたり、ケンカをしたりすると、はばからずに注意をするという。

「ふだんは穏やかですが、主人、怒るときは怒るんです（笑）。昭和一桁の生まれだから、怒ると怖いですよ。でもちゃんと言い聞かせれば、子どもたちは自分の非を認めて反省し、すぐに店に遊びに来るようになります。主人が年齢の割に元気なのは、子どもたちからエネルギーをもらっているからだと思います」

そんなふうに語る、奥様の目下の心配事は、店の前に置かれたジュースやアイスが入った冷蔵庫がまた壊れてしまわないかということ。

「子どもたちが乱暴にドアを開け閉めするものだからすぐに壊れてしまって、この冷蔵庫は3台目。『もっと優しく閉めなさい！』っていくら注意しても直らないのよ」

冷蔵庫の横にはポットが置かれ、子どもたちは自分でカップ麺にお湯を注ぐ。

「ゴミはゴミ箱に捨てる。そんなマナーも、ここでは子どもたちがお兄ちゃんやお姉ちゃんの姿を見て自然と身につくようです」

車の往来がない富士ショッピング内は、子どもたちにとってのかっこうの遊び場。

しかし、「一歩外に出れば交通量が多い道路があるので、子どもたちの帰路が心配」だとか。だから、奥様は子どもたちに必ず「気をつけて帰って！」と帰り際に声をかけている。

昭和の雰囲気がただよう商店街の片隅にある、子どもたちの社交場。ここでは、大人たちが子どもたちの生活を温かく見守るという駄菓子屋の伝統が、自然な形で受け継がれている。

1.つい最近まで20円だったラーメンスナックも30円に値上げされた　**2**.露店の土台には醤油瓶のケースを利用　**3**.冷蔵庫上段には冷えたジュース、下段には凍ったゼリーが並ぶ　**4**.年季の入った椅子に腰掛ける遠藤さん。普段はほとんど立ちっぱなしであまり座ることはないという　**5**.両替、お釣りは1枚ずつトランプを配るようにリズミカルに渡す　**6**.ゲームに勝てば、駄菓子と交換できるチケットが出てくる　**7**.準備からゴミ捨て、お湯を入れるまで全てセルフ。当たり前だが大切なマナーがここで培われていく

5

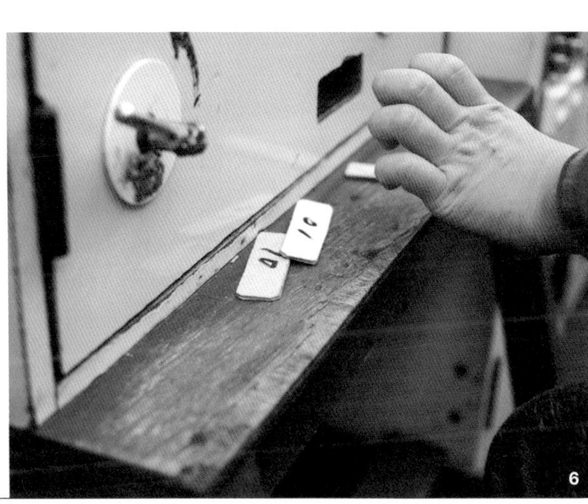
6

7

INFORMATION

赤城屋
埼玉県越谷市赤山町4-7　富士ショッピング内　☎なし
営業時間：12:00〜日暮れまで　定休日：水曜日
アクセス：東武スカイツリーライン「新越谷駅」・JR武蔵野線「南越谷駅」徒歩10分

COLUMN

(02)

駄菓子業界の未来予想図

流通の要・駄菓子問屋

駄菓子・玩具メーカーよりケースで大量に仕入れ、それを一箇所にストック。多くの情報とアドバイスをトッピングさせ、地域の小売店・駄菓子屋へと販売する駄菓子問屋。謂わば駄菓子ネットワークの要とも言える存在だ。

多くのメーカー・問屋が軒を連ね、独自の駄菓子文化を形成することから「駄菓子の里」と呼ばれる、名古屋は西区の明道町。

大阪市のど真ん中、人形・玩具・駄菓子など多くの問屋が立ち並び、来る者に「天下の台所」の姿を魅せる、中央区・松屋町。

そして、台東区・蔵前、荒川区・日暮里、墨田区・錦糸町など、下町エリアで燦然と輝く問屋街を幾つも擁する東京。

人口の多い都市部には有名な菓子屋・玩具屋横丁的な問屋街が存在し、ブラブラ街歩きも楽しいものである。

東京下町・蔵前で生まれ育った私にとって、問屋は身近な存在だった。蔵前国技館がまだ存在したバブル前夜、問屋も日本全体もパワフルな勢いがあった。見たことの無い駄菓子が箱のまま大量に店舗に積まれ、リヤカーやトラックで買い付けにくる業者（小売・駄菓子屋）が店の外まで列をなし、それはそれはとてつもない活気だった。そして、当たり前と言っては当たり前だが、バラ売り・一般客（特に子ども）お断りスタイルだったがゆえに、駄菓子の匂いに包まれた“宝島”は、入りづらいオーラを放つ近寄りがたい相手であったと記憶している。

駄菓子業界は日本の縮図

長じて、多くの問屋と知己を得て話を聞いていると、駄菓子屋減少の余波だけではなく、後継者不足・少子高齢化・ネット販売による参入障壁の崩壊などにより、廃業の道を選択する問屋も多いという。事実、上記の問屋街も規模が小さくなり、例えば、かつては100軒以上の問屋が軒を連ねた東京の日暮里駄菓子屋横丁界隈も、今や数軒を残すのみとなっている。地方部では、問屋が廃業することにより、買う場を失った駄菓子屋が連鎖廃業することも少なくない。

詳細は別コラムに譲るが、兼業・副業・駄菓子売場設置など、従来の昔ながらの駄菓子屋とは一線を画すニュータイプの駄菓子屋や、駄菓子を置くスーパー・大型店が増えていることに対し、駄菓子メーカー・問屋は増えていない。むしろ減る一方である。これこそ、私が今最も懸念していることで、日本社会の縮図とも言える、解決の糸口が難しい問題でもあるのだ。

では、いずれ問屋は無くなっていってしまうのか？

答えは否である。

活路を店頭小売やSNSに求めたり、独自のアイデアで道を切り拓いたり、時代に即し、従来の客先・メーカーとの関係を大切に守りつつ、活路を見出す問屋が各地で頑張り続けている。

ビンラムネ再販売への熱い思い

「実は最近、新規の問い合わせが増えているんですよ。本当に有り難いことなのですが、駄菓子が品薄の今は既存のお客さん（駄菓子屋など）を守るために、新規のお客さんはお断りせざるを得ないんです……」

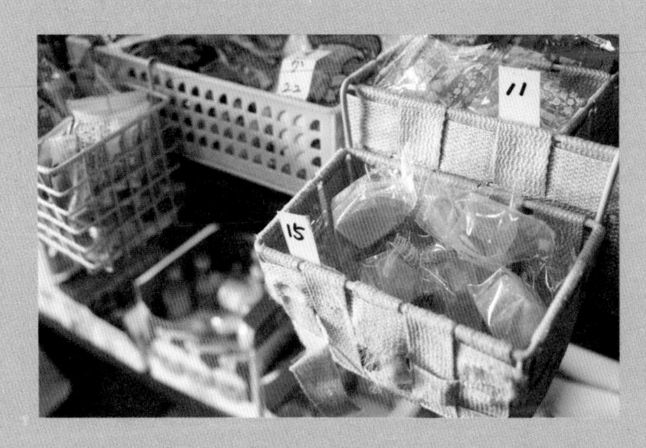

そのエリアの問屋の廃業を機に店を閉めてしまう駄菓子屋も多い。駄菓子屋にとってのまさに生命線

大きな梁の木造倉庫には出荷を待つ駄菓子が整然と並ぶ。東日本大震災のときも大きな被害が無かったという

他分野との融和性の高さにより、駄菓子を購入したいとの問い合わせは増えているが、と話すのは、戦後すぐの昭和23年（1948年）東京都台東区・三筋町で創業した駄菓子問屋、岡田商店の三代目・岡田政隆さん。

あれ？　台東区??　と思われた方はご明察。三筋町は私の地元・蔵前の隣町。蛇足だが、母の生まれ育った町が三筋町である。

「動物が大好きでして。昔は競馬場で働いてたんですよ（笑）」

扱う対象が「馬」から「うまへん」の"駄"菓子へと変わった異色の経歴を持つ岡田さん。ほぼ地元、隣の小中学校の先輩（一個上）にあたり、色々と忌憚のない意見を話し合う仲でもある。

「内容成分、梱包材料、諸材料など。駄菓子や玩具類で、純粋に国内品だけで賄える物は少ないですね……」

安価で子ども向けの駄菓子・玩具。その内実はロックダウンや原材料高騰の煽りをもろに受けてしまう、海外サプライチェーンの最前線にいるのである。多くのメーカーが子どもたちのためにと、ギリギリまで値上げしないで頑張る姿に尊崇の念を抱きながらも、駄菓子文化が継続・発展していくために値上げは近々の課題であると私は考える。

左／ご縁があり、台東区・三筋町から現在は足立区・花畑大鷲神社の境内に倉庫を構える岡田商店　右／岡田商店・3代目の岡田政隆さん。花畑大鷲神社の拝殿の前にて

岡田商店は駄菓子問屋であると同時に、私がヘビーローテーションで最も食べたであろう、ビンラムネの販売会社でもある。群馬県高崎市のまるたけ食品廃業に伴い、生産をストップしていたビンラムネ。

素材の配合、新たなメーカーとの打ち合せを何度も重ね、3年の月日を経て、販売開始に至ったことは記憶に新しく、その努力たるや想像に難くない。私の幼少期は1ヶ＝20円、販売中止頃は1ヶ＝40円、発売再開時は1ヶ＝80円（参考価格）と値上げされている。

「駄菓子としては単価が高いですし、驚かれた関係者も多かったと思います。私自身、値上げについては子どもたちに対して申し訳ない気持ちが今でもあります。ただ、高くて売れないだろう、と最初から諦めてしまうのが嫌だったんです。再開を待ち望んでいるお客様が大勢いる中、ご理解を頂けるお取引先様の後押しもあり、何とか販売に漕ぎ着けました。ほぼ手作業で作っており、キャパシティも小さいので無理せず需要に応えていこうと思ってます！」

値上げに対する子どもたちへの心苦しい胸の内を明かしつつも、良いものであればきっと買ってもらえる……。岡田さんの言葉に、駄菓子業界の未来が見えた気がした。

多くのファンからの後押しがあり発売を再開したビンラムネ

INFORMATION

岡田商店
東京都足立区花畑7-16-8　☎03-3850-3852

業界全体を見通す
“駄菓子の達人”

「駄菓子でいろいろ、なんでもやります」

ホームページ上で踊る楽しげな一文。一気にテンションが上がる。

昭和元年（1926年）創業のあまのや繁田商店。徳川家ゆかりの静岡市中心部、葵区（伝馬町）に本店を構える老舗問屋で、駄菓子・半生菓子・豆・珍味など、約4,000種を取り扱い、駄菓子屋・事業者向けの卸売はもちろん、店頭での小売、詰め合わせ販売、FC（フランチャイズ）・直営店展開、駄菓子（屋）研究ブログなど、多岐に渡り事業を展開している。

コロナ禍で出店の勢いが少し落ち着いているが、地元静岡を中心に名古屋・東京にまでそのFC展開を広げ（現12店）、“駄菓子の達人”と言っても過言ではない繁田昌大さん。とても話がおもしろく、強い情熱を持つあまのや繁田商店の4代目だ。

「ただ店舗を増やしてるだけですよ（笑）。利益になっているかどうかは分かりませんが。商業施設の多くは、店舗に1軒は駄菓子を売る店が欲しいと分かりました。賑わいの創出と言うか……。実際、大人も子どもも駄菓子が好きですしね」

問屋として、これまで多くの駄菓子メーカーとお付き合いしてきた繁田さん。メーカー廃業の現状についてはどう考えているのだろうか。

「戦後に勃興した多くの駄菓子メーカー。家族経営も多く、ご自身たちも製造機も現役を退くとともに、その駄菓子も製造終売となる。悲しく惜しいことですが『今までありがとう』と静かに見送ってあげるのが正解だと思ってます」

駄菓子業界の広義・狭義な問題点をユーモアを交えながら教えてくれる繁田さんは、元々札幌でフリーペーパー等を手掛ける敏腕編集長。視野と考察に重みを感じる。

問屋として、駄菓子を愛する一人として、繁田さんの考え、それは……。

【クラフト駄菓子】

無くなってしまった駄菓子のリメイク、全く無かった新しい駄菓子の創造。

【インバウンド】

外国人の取り込み。SNS映えなどの付加価値をつけて利益確保。買い手もインスタ映えが狙えてWin-Winに。

夢を語る瞳は子どものように楽しそう。社員一同力と知恵を合わせ、ネット環境も充実させて、コロナ後を早くも見据えて驀進中。これからの動向が楽しみである。

創業当時のあまのや繁田商店。品揃えや販促物から当時の活気が窺える

各地の駄菓子問屋

頑張る駄菓子問屋は、まだまだ各地にたくさんある。SNSの発達で各地方の問屋と直接繋がることができる今、駄菓子業界の未来に希望を感じざるを得ない。

そして、駄菓子屋が少なくなったがゆえに、店頭でバラ売りしている問屋も増えてきている。多くのメーカーと日々接しているからこそ、世に出ていない豆知識や裏話を知っているはず。私が幼少期に感じた、入りづらいオーラを出し続けている問屋の方が今や少ないであろう。駄菓子好きの人は問屋で活きた話を聞いてみるのも一興なのではなかろうか？

そうした一般の人たちとの繋がりが、問屋にとってさらなるカンフル剤となり、発展へ舵を取ることに繋がっていく……。

それが私が思う未来予想図である。

INFORMATION
あまのや繁田商店
静岡県静岡市葵区伝馬町17-1
☎054-252-2676

上／現在のあまのや繁田商店。菓子問屋とは思えぬスタイリッシュな外観　下／駄菓子屋業界の未来を色々な角度で考える繁田昌大さん

INTERVIEW 03

日本最南端の駄菓子屋

徳村菓子店

DATA

創業	昭和24(1949)年
店主	徳村賢一

3.8mの巨大なカールおじさんが目印の徳村菓子店

駄菓子コーナーの中央にある屋台風の棚は、店主賢一さんの手作り

巨大なカールおじさんがお出迎え

沖縄・八重山諸島の中心地、石垣島。美しい海でサーフィンやダイビング、シュノーケリングができ、多くの観光客が訪れる。本土よりも台湾の方が近いここ石垣島にも、駄菓子屋がある。

ユーグレナ石垣港離島ターミナルから車で10分、島南部の石垣市真栄里にある徳村菓子店には、地元の子どもたちだけでなく、国内外からの観光客がお菓子を求めて集まる。

店先でお出迎えしてくれるのは大きなカールおじさんだ。3.8mと日本一の大きさを誇り、八重山地方に伝わる「ミンサー織」のかりゆしに島草履という装い。地元の人たちからは店名の徳村菓子店よりも、「カールおじさん」の愛称で親しまれている。

徳村商店は戦後間もない昭和24年（1949年）4月に創業。当時はお茶とお菓子の販売を生業としていたが、昭和54年（1979年）に2代目で現在社長である徳村賢一さんが徳村菓子店として菓子卸業をスタートさせた。地元のスーパーや他の離島にもお菓子を卸しており、八重山諸島の菓子文化の礎を築いてきた。

現在は、社長の徳村賢一さんをはじめ、家族が中心となって経営している。

「今のお店がオープンしたのは平成24年（2012年）の1月のこと。それまでは菓子卸専業でしたが、現在では駄菓子、一般菓子、沖縄土産菓子を販売しています。カールおじさんが着ているミンサー織は五つと四つの模様からなっており“いつ（五つ）の世（四つ）も末永く幸せに”

今も昔も子どもたちに人気の糸引き飴

との思いが込められています」そう話してくれたのは、長女の富本好美さん。

店内に入って左側が観光土産。中央付近が一般菓子。右側に駄菓子コーナーがある。店舗面積は100坪で、大人気であるロイズ石垣島の商品をはじめ、八重山限定の商品（菓子、食品、雑貨等）や沖縄限定の商品（菓子、食品）を多く取り揃えている。また、お土産だけではなく、一般菓子も販売しており、まとめ売りにも対応。大人買いの一般客や、小さな商店が販売用の商品をまとめて買いに来る。

一番にぎわう駄菓子コーナーの中央にある棚は、賢一さんの手作り。子どもたちが計算しやすいように、税込価格はできるだけ端数を出さない価格設定をしている。地元の子どもたちだけでなく、大人も観光客も駄菓子コーナーに集まる。

ロイズのチョコレートと沖縄の素材をコラボさせた石垣島の塩チョコレートや黒糖チョコレート、ポテトチップチョコレート、生チョコレート（紅芋やマンゴー味）その他にも商品があり、どれも人気が高い。

北海道のお菓子の定番・ロイズのチョコレート。石垣島限定商品が生まれた経緯を聞いた。
「ロイズのスタッフさんが石垣島を訪れた際に、島の自然や文化に感動して、その魅力を再現しようと、コラボ商品を開発されたそうです」

その土地柄、観光客も多い。コロナ禍ではどうしていたのだろうか。
「観光客は全くいなくなりましたが、地元の子どもたちの居場所を残すために、変わらず営業は続けていました。今は、徐々にお客さんも戻りつつあって、日中はツアーなどの観光客、夕方からは子どもたちが来てくれています」

北海道のチョコレートメーカー・ロイズとのコラボ「ロイズ石垣島」の商品も取り扱う

人気の玩具つき菓子コーナー。少し高めの商品なので、親子の「ほしい!」「ダメ!!」が繰り返される

長年、菓子卸と小売りをやっていると、島の子どもたちの傾向も見えてくる。

「ふ菓子やあんずボー、すももなどの定番の駄菓子や、抹茶味のお菓子はなぜかあまり売れないんですよね。糸引き飴や玩具付きのお菓子が人気です。また、ハロウィン、クリスマス、バレンタインデー、卒業入学シーズンなど、イベント時には売り場をディスプレイします。ハロウィンのときに、飾り付けのお化けが怖くてお店に入れなかった子もいて、『大丈夫だよ。怖くないよ』って言って案内してあげて。それがかわいかったですね。お菓子の詰め合わせもやっていて、お客様の要望やイベント等に合わせて製作、多いときで月に1,000個近い注文があったりします。お菓子の花束は、オリジナルの商品で主に卒業・入学シーズンにコーナーができるほど。どちらも、誕生日やお祝い、送別会や卒業・入学祝いの贈り物として人気の商品です」

県外からの移住者も多く、出生率の高い沖縄県の中でも特に高いことで知られる石垣島。地元の子どもたちの成長が見られることが嬉しいと好美さん。

写真左の徳村菓子店社長の徳村賢一さんをはじめ、家族と従業員一丸となって徳村菓子店を盛り上げている

「大人になって自分の子どもが産まれ、徳村菓子店で働くようになって、子どもから大人までお菓子が大好きなんだな、お菓子ってみんなが笑顔になるんだなと改めて感じました。地元の子どもから大人まで、正式な店名ではなく、『カールおじさんに行こう！』と言われるくらいカールおじさんが定着しており、日頃から徳村菓子店へ足を運んできてくれる皆さんにとても感謝しています。地元のお客様だけでなく、石垣島に来てくれた観光客の皆さんにも、喜んでもらえるようこれからも努めていきたいと思っています。お取引先や従業員の皆さんにとても感謝しています。家族のチームワークで徳村菓子店をこれからも守り続けていき、日本最南端の駄菓子屋さんとして石垣島を盛り上げていきたいなと思っています」

子どもも大人も、地元の人も観光客も、分け隔てなくカールおじさんがお出迎えしてくれる徳村菓子店。今後はイベントも増やしていきたいと考えている。

日本最南端の駄菓子屋は、家族一丸となって、石垣島を盛り上げている。

1

JURASSIC WORLD
VELOCIRAPTOR
"BLUE"
TRICERATOPS
2

3

4

5

6

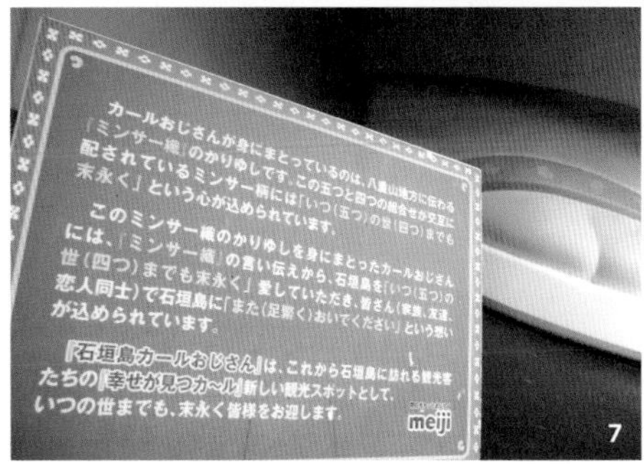

7

1.お菓子の卸もしている徳村菓子店。取り扱う商品の種類も豊富　**2**.「どれにしようかな」くじを選ぶ子どもたち　**3**.誕生日やお祝い、送別会の贈り物として人気の「お菓子の花束」　**4**.ハロウィン、クリスマス、バレンタインデー、卒業入学シーズンなどイベント時には店内が明るくディスプレイされる　**5**.まとめ買いコーナー。小さな商店さんが購入したり、一般客でも大人買いができる　**6**.「ロイズ石垣島」の商品。石垣島の塩や黒糖を使ったチョコレート、紅芋やマンゴーのフレーバーの生チョコレートなどがある　**7**.カールおじさんが着ているのは八重山地方に伝わる「ミンサー織」のかりゆし

INFORMATION

徳村菓子店
沖縄県石垣市真栄里230-10　☎0980-83-1177
営業時間：9：00〜19：00（日10：00〜19：00）　定休日：元旦、棚卸しの日
アクセス：石垣空港から車20分、ユーグレナ石垣港離島ターミナルから車10分

COLUMN

(03)

駄菓子メーカー探訪❶

高岡食品工業株式会社

歩み続けるヒーロー

唐突だが、久しぶりに駄菓子と聞いたり、駄菓子を食べたりしたときにあなたはどう感じるだろうか?

「懐かしい」

「これ、まだあるんだ」

「変わってないな」

その後、一気に遠き少年少女時代にタイムスリップし、初恋のあの人や、久しく会っていない友人、母に負われて見た故郷の夕焼け空などを思い出し、ノスタルジーな気分に浸ってしまう人も少なくないのではないだろうか? 駄菓子以上に「昔懐かしい」という枕詞が似合うものを私は知らない。

しかし、これほど目まぐるしく変わる時代、あえて変わらぬ味・パッケージ・価格帯を維持する駄菓子たちを、「昔懐かしい」という言葉で括ってしまってよいのだろうか? 失礼ではなかろうか? と、自問自答を繰り広げる日々を送っているのも事実。

『梅ジャム』『らあめんババア』『ようかいけむり』『超ひもQグミ』そして『いちごミルク

TAKAOKAを代表する麦チョコは、定番の駄菓子

写真提供:高岡食品工業株式会社

口溶けの良さを追求して開発された
人気商品・ショコラ生チョコ仕立て

キャンディ』も……。

原材料の高騰、少子化・高齢化の抗えぬ波、後継者不足、製造機器の寿命（メンテナンスのタイミング）など、日本社会の縮図ともいえる諸問題により、廃業を余儀なくされるメーカー、製造中止となった駄菓子・玩具たちは、枚挙に暇がない。そこにコロナが追い打ちをかけ、「ここらが潮時か……」と決心を早めるケースも多い。

そんなときだからこそ、駄菓子を作り続けてくれるメーカーは、私にとってヒーローと言っても過言ではない。変化の激しい時代に、あえて継続し続けること。それは、挑戦し続けることに他ならないのだから……。

その姿勢に改めて敬意を表するとともに、そのチャレンジの一例を紹介したい。

TAKAOKAの麦チョコ

創業1877年（明治10年）、設立1948年（昭和23年）。大阪市に隣接し、阪神工業地帯の一翼を担う兵庫県尼崎市に本社を構える100年企業、高岡食品工業㈱。全国のスーパーなどで人気を博すショコラ生チョコ仕立てシリーズでおなじみ、チョコレート菓子の老舗メーカーである。駄菓子業界的にはTAKAOKAの麦チョコシリーズと言えばおわかりだろう。

麦チョコの派生フレーバーである「いちごむぎ」。私の最も好きな駄菓子の一つで、幼少期は駒形・ババヤで一粒一粒をゆっくり噛み締めながら、おばちゃんから戦争の話などを聞いたものだ。

今に比べ、空調設備の整備が脆弱だった1970年代。全国的に夏場に姿を消すチョコレート菓子が多く（これは今でも言えるが、当時はその比ではない）、メーカーにとって夏場の売上減は死活問題。TAKAOKAも例外ではなかった……。

とある問屋筋の仲間より「麦にチョコをコーティングして新たなチョコ菓子を作ってみてはどうか？」という話から、麦チョコの誕生ストーリーが始まる。

紆余曲折を経て、2022年7月で生誕50年を迎えた。

同7月1日を「麦チョコの日」として、同業の仲間たちとともに業界を盛り上げる高岡食品工業及び社員一同。その想いを取締役経営企画室長・松田恩さんに聞いた。

筆者の最も好きな駄菓子の
一つ・いちごむぎ

さまざまなフレーバーをブレンドできる麦チョコサーバー。味はもちろん、見た目にも楽しい

いとしさと切なさと遊び心と

新フレーバーの「まっちゃむぎ」「バナナむぎ」「ホワイトむぎ」と従来の「いちごむぎ」「オリジナル麦チョコ」の5種類を透明の専用カップに好きな量を配分。キャンバスに絵を描くかのように色とりどりのフレーバーを自由に作れる、おしゃれなスタイルを実現させた「麦チョコサーバー」が、本社工場で始動。これが映えるなんてものじゃない。

「こうしたアイデアは社内起業の一環で生まれました。『楽しそうだよね！』から『やってみよう！』と膝を詰めての話し合いの連続で。【麦チョコの日】プロジェクトも、そうした社員同士の麦チョコ愛がスパークした帰結だと思いますね」と松田さん。

対談中、終わりの見えないコロナ禍やきな臭い世界情勢も重なり、駄菓子・菓子業界の現状を経営者視線で厳しい表情で説明してくれた松田さんの顔が、麦チョコの話をしていくうちに、子どものようにほころんでいくのが印象的だった。

「新たなるフレーバーにもっと挑戦したいですね。ただでさえコーティングが難しい駄菓子です。実は新フレーバーも●●●●（企業秘密）しながら、コーティングしてるんですよ。チャレンジと失敗の連続です（笑）」

麦チョコはその日の温度・湿度などにより、チョコのコーティングに微妙なムラが生じて

写真：金子怜史

ボトルサイズのロングセラー駄菓子・マルルンマンのイチゴ味とホワイトチョコ味

COLUMN
(03)

2022年7月で生誕50年を迎えたTAKAOKAの麦チョコ。7月1日を「麦チョコの日」として制定した

チョコレートをコーティングする窯。その日の気温や湿度などで熟練の技による微調整が必要

しまうため、熟練の謂わば麦チョコマスターによる手作業や目視などの微調整が必要な、とてもデリケートな駄菓子である。
「小麦をはじめ、原材料は高騰し続け、値上げも視野に入れなくてはいけない状況です。しかし、限界まで麦チョコの価格は維持したい。本当にキツイのですけどね（笑）。多くの子どもたちにおいしく食べてもらうために、我々に何ができるか？　日々社員みんなで話し合ってます」
　松田さんのお話、私は嬉しくてならなかった。麦チョコに対する愛情が、原材料高騰・少子化と高齢化・コロナ禍に対するもどかしさを乗り越え、社員みんなが楽しく真摯に向き合って麦チョコが作られ続けていること。

高岡食品本社ビル。桜の季節にピンクの社屋が映える

熱い麦チョコ愛を語ってくれた取締役経営企画室長の松田恩さん

社員の麦チョコ愛と遊び心が、各フレーバーの隠し味だと知っては、頭を垂れるほかない。
　松田さんはじめ社員の皆様、麦チョコを食べて育ったと言っても過言ではない“かつての子ども”を代表して不肖・土橋が御礼申し上げたい。本当にありがとうございます。
　駄菓子の数だけ物語がある。皆の「懐かしい」を守るために頑張り続ける駄菓子メーカー。その精神は永遠に不滅である。

INFORMATION
高岡食品工業株式会社
兵庫県尼崎市東本町4-1
☎06-6401-4991

INTERVIEW 04

人が集まり、さえずる店

ひばり

トタンの看板に「ひばり」の文字。趣きのある店は映画のロケ地にもなった

DATA

創業	昭和25(1950)年
店主	山澤恵子

さまざまな商品が並ぶ店内。定休日の月曜に仕入れに出る

関東の元祖・たこせん

「たこせん」を提供している駄菓子屋があると聞きつけ、東京足立区にある「ひばり」を訪れたのは10年ほど前だろうか。

たこせんとは、ソースを塗ったえびせんべいを半分に割り、その間にたこ焼きを挟んだ大阪の駄菓子の定番フード。ここ数年は関東圏でもたこ焼き屋などで見かけるようになったが、この店の味を求めてわざわざ遠方から訪れる客は、後を絶たない。

「たこせんを始めたのは、私が母からお店を引き継いだ1987年（昭和62年）頃。それまでたこせんなんて見たことも聞いたこともありませんでしたが、関西から引っ越してきた息子の友達がその存在を教えてくれたんです。うちはたこ焼きを焼いているし、駄菓子屋でえびせんも売っているからちょうどいいってことで、さっそくその日からメニューに加えました」と店主の山澤恵子さんは語る。

たこせんの値段は、マヨネーズなしが155円（税込）、マヨネーズありは170円（税込）。半分に割られたせんべいにたこ焼きが3つも挟まれ、とてもボリューミー。たこせんを食べる際は、たこ焼きとせんべいが一体化するように、ぺちゃんこに潰して食べるのが通の作法。「元祖ひばりのたこせん」と謳っているのは、おそらく関東では最初ではないかと言われているからだ。ちなみに、通常のたこ焼き（8個入り）、その隣の鉄板で焼かれるお好み焼きと焼きそばは、各360円（税込）といずれも良心的な価格でファンも多い。

人気の秘密は安さだけではない。

「材料にもちょっとしたこだわりがあるんです。たとえば青のり。安いものを使えばそのぶん利益を出せるんでしょうけど、香りがなくなってしまう。二種類の銘柄をブレンドしたソースの配合にも特別なこだわりをもっています」

パリッとしたせんべいと、フワフワトロトロのたこ焼きの食感。ソースの甘辛さとほのかに漂う青のりの香り。ひばりのたこせんは、B級グルメという狭い枠を軽々と飛び越えて、子どものみならず、大人の舌をも魅了する。皿も箸も使わず、しかもビニール袋に入っているから手を汚さずに食べられるという手軽さもいい。

とはいうものの、長い歴史の中では、メーカーがなくなったりして、同じ材料が手に入らなくなることもあったとか。山澤さんは、その度に材料を探し歩いて、昔と変わらない味を維持してきたそうだ。

「常連のお客様が『おいしい』とか『昔と変わらない』とか言ってくださるのが本当にうれしいんです。私も若い頃とくらべると、たこ焼きを作る手際も少しずつ悪くなっているけど、体が動く限りはこの店を続けていきたいですね」

たこせんを紹介するだけでは、ひばりの魅力は半分も伝えきれていない。駄菓子の品揃えにも、この店の特徴がある。種類の多さはもちろんだが、アイスクリームの冷凍庫を活用したり、大きさや彩りを考えた陳列にも、山澤さんのこだわりを感じるのだ。陳列された菓子の間に、ベーゴマや紙風船、火薬ピストルといった懐かしい玩具が散りばめられているのも楽しい。

「歩道などに線を引くための『ろう石』なんて、今の子どもは見たこともないと思うの。機会があればそういった遊びも子どもたちに教えてあげたいんです」

しかし、たこせんの材料と同じように、最近は駄菓子の種類も減りつつあり、仕入れ先の数も減っているのが残念だという。

アイスクリームの冷凍庫を商品ディスプレイに再利用

左／このご時世でたこもマスクをしている　右／老若男女問わず、たこせんを買い求める。まさにソウルフード

「子どもたちがいたから、これまで続けてこられた」と語る、店主の山澤恵子さん

素材にこだわって作られるたこ焼き。安いからといって妥協はない

そんなお店を切り盛りする山澤さんのやりがいは、店を訪れた子どもたちの成長を見届けられること。

「先日も結婚報告に来た子どもが『式は身内だけで挙げることになったのだけど、ひばりのおばちゃんだけは必ず出席してほしい』って。そんな話を聞いたら私、うれしくて……」

さっきまで笑っていた“おばちゃん”は、少し声を詰まらせ、うっすらと涙を浮かべた。

ところで、「ひばり」という店名は、創業者であるお父様が、ひばりの子のようにピーチクパーチク騒がしい3人の娘の様子から名付けたものだという。70数年前の創業時、この店はアイスキャンディーを製造販売していて、以来、時代時代に合わせて、かき氷、たい焼き、今川焼などと扱う品目を変化させて商売を続けてきた。そんな様子を子どもの頃から見ていたため、娘も同じ道を進むことに迷いはなかった。飲食店こそが客を笑顔にして幸せにする、そう信じていたからだ。

山澤さんは、創業間もない頃に撮影したという、セピア色に褪せた一枚のスナップ写真を見せてくれた。開け放たれた大きな引き戸の向こうに置かれているのは、アイスキャンディーの入った大きな箱。なるほど、確かに商品が異なるだけで、店の外観は今とまったく同じだった。現在は店の半分を駄菓子屋、もう半分をたこせんなどを提供する調理場として区切っているが、小銭を握りしめ胸躍らせてやってくる子どもたちの心の内は、きっと何も変わらないのだろう。

ピーチクパーチクとひばりの群れがさえずるように、人が集まってうるさいくらい賑やかな店にしたいというお父様の願いは、元号が2回変わった今も確実に受け継がれている。

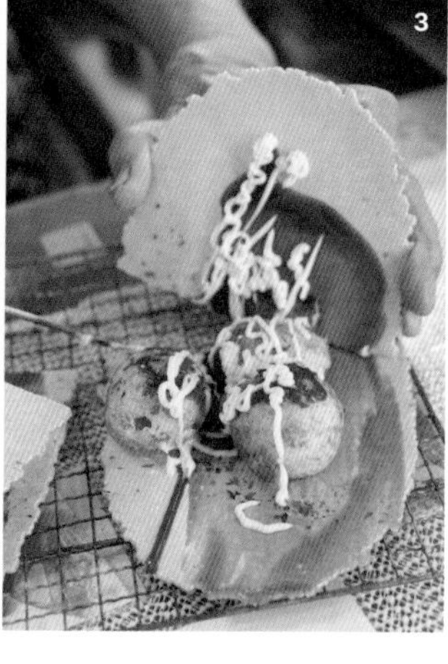

1.息子さんが宣伝のためにと付けたバイクチームの名前は店名と同じ「ひばり」　**2**.店内にはたこのオブジェが多く飾られている　**3**.ピックで線を引くことで、せんべいがきれいに割れる　**4**.お店の半分は駄菓子屋スペース。もう半分はたこ焼きやお好み焼きを作る調理スペースになっている

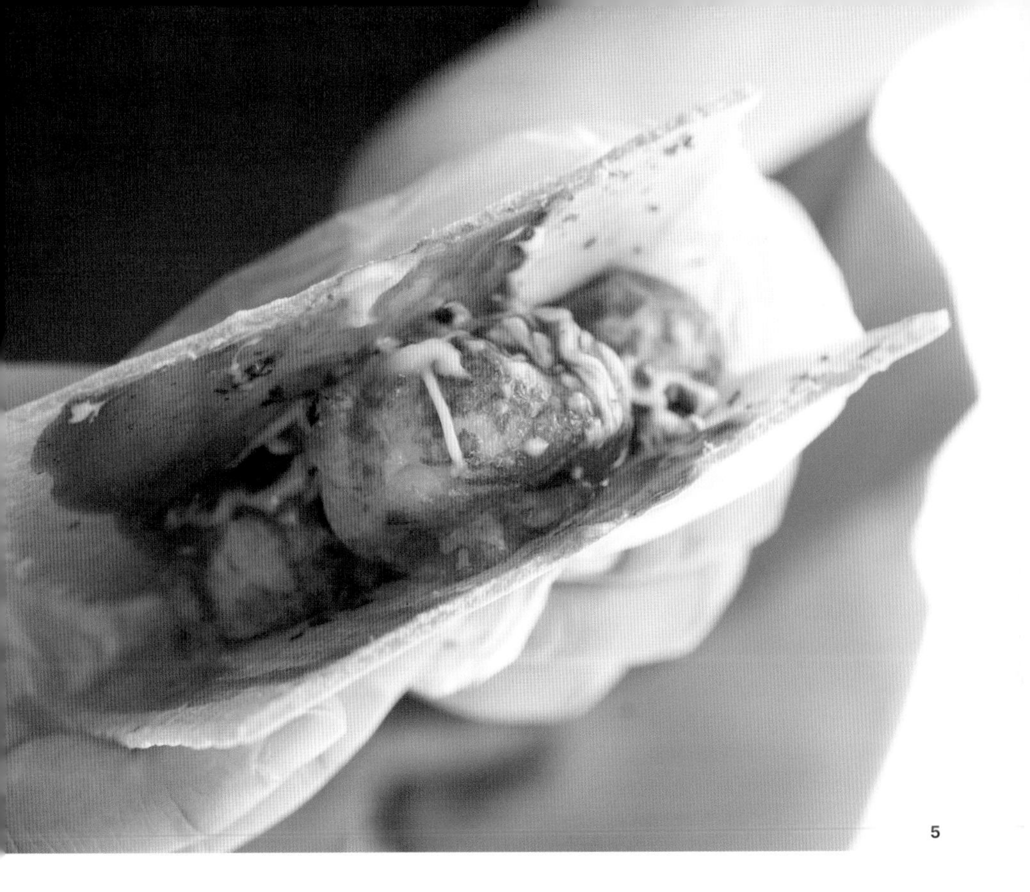

5.たこ焼き3個を挟んだたこせんはボリューム満点　**6**.子どもが一目で分かるよう見やすく陳列された商品　**7**.店の壁にはたくさんの有名人のサインが飾られている

INFORMATION

ひばり
東京都足立区六月1-36-11　☎03-3883-1274
営業時間：10:00〜18:00　定休日：月曜日
アクセス：東武スカイツリーライン「竹ノ塚駅」徒歩15分

COLUMN

(04)

ローカル系駄菓子の誇り

全国区の駄菓子のその裏に

キャベツ太郎・うまい棒（茨城県）ヤングドーナツ（岐阜県）やココアシガレット（大阪府）など……。

日本各地で作られた駄菓子が、近所の駄菓子屋やスーパー・コンビニで気軽に買えるのも、納期遵守の国民性と世界に冠たる物流のネットワークのおかげであるわけだが、皆さんが日々目にしているであろう、上記のような駄菓子は、日本各地で買うことができる全国区の駄菓子（メジャー級駄菓子）だということをご存じだろうか？

これは、全国大会に出場してなくとも、各地方大会で圧倒的な存在感を放つ超高校級のスラッガー（駄菓子）たちがいることの裏返しでもある。

関東圏や東海圏など、各エリア内が主な流通圏内であり、その地域の人たちには圧倒的な支持・知名度を誇りながらも、他エリアではそこまで流通していない、そんな駄菓子をローカル系駄菓子という。

少数精鋭のローカルヒーロー達

家庭内手工業体制で作られていたり、そのほとんどを地元の問屋筋だけに卸していたりと理由は様々だが、基本的に少量ロット生産品である。余談だが、地元の人は幼い頃より身近にあったが故に、それがローカル系駄菓子と気づいていないケースが多い。

また、作り手であるメーカーも、はじめからローカルを意識していたわけではない。かつての流通体制や賞味期限、少量生産体制と地元人気の高さにより、他エリアへ流通する前に売り切れてしまっていたからこそのローカルヒーロー、いわば郷土の誇りそのものなのである。

昨今は物流ネットワークのきめ細やかな発展と、メディアで紹介される機会も増え、少しずつ知名度と販路を広げているが、まだまだ私も調べきれていないのが正直なところ。各地にはまだ、私の知らない未知の強豪たちがゴロゴロいるかと思うと胸の高鳴りを抑えきれない。それでは、代表的なローカル系駄菓子を、一部ではあるが紹介する。

【ローカル系駄菓子紹介】

きびだんご from 北海道

天狗堂宝船（北海道亀田郡）

団子ではなくオブラートに包まれたペースト状の餅菓子。出自は北海道開拓使時代に遡る。『事が(起)きる前に(備)え、(団)結して助け(合)う』という、屯田兵の相互扶助精神を【起備団合】といい、その名を冠した携帯用の保存食が1923年(大正12年)、夕張の谷田製菓㈱より発売。いつしか、きびだんごう＝桃太郎のきびだんごと融合し、現在もこの名を冠した商品のパッケージに桃太郎とその家来が描かれているが、関係性は無い。悠久なる北の大地に想いを馳せる、道産子の誇りとも言える伝統的駄菓子である。

津軽当て物系駄菓子 from 青森

あん玉：ヤマイいと福（青森県青森市）
大王当て、イモ当て：佐藤製菓（青森県弘前市）

かつては青森の駄菓子屋での定番。駄菓子屋・メーカーの減少により、逆に県民の思い出密度がギュッと凝縮されている。アタリが出たら大きいものがもらえ、ホームパーティーやお盆、お正月などの家族や友人が集まるときに楽しまれる、まさに郷土の誇りとも言える伝統菓子である。青森青森市周辺ではあん玉が、津軽一円ではイモ当て、弘前市周辺では練り切りを使った大王当てが主流であり、青森観光する際は現地で食べ比べて遊んでみるのも風流。

さくら大根 from 栃木

旧 みやま食品工業⇒
新 遠藤食品（栃木県佐野市）

1957年、千葉県のたくあん工場より、スモモ漬け⇔大根から偶然生まれたさくら大根。みやま食品廃業の際に、つけものでお馴染みの栃木県佐野市の遠藤食品株式会社へと事業継承。大人になると酒はこれのみでイケる！さらなる進化が期待される至高のつまみ……もとい、逸品。

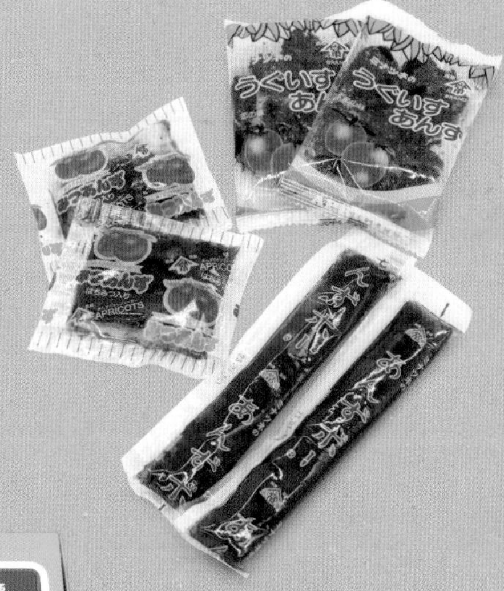

あんずボー from 東京下町

（株）港常（東京都台東区）

あんずが傷まない内に食べれるか否かがキーポイントだった昔、まさに輸送の問題で、関東周辺にしか流通しなかった駄菓子。凍らせてよし、冷やしてよしの万能ビタミン系駄菓子。東京、特に下町っ子の定番中の定番。

あんこ玉 from 東京下町

植田製菓（東京都荒川区）

東京生まれの下町銘菓。極上の餡と究極のきな粉を混ぜに混ぜて作られる。中に白い砂糖玉があれば当たりのタイプもある。半生菓子ゆえに賞味期限が短く、かつては主に関東エリア内で流通されていた。

ビーバー from 石川

北陸製菓（石川県金沢市）

鳴門の焼き塩、日高の昆布、そして北陸産のもち米を使った一口サイズの揚げあられ。プレーンの他、白えび・カレー・のどぐろなどのフレーバーもある。発売当時の製造元が廃業後、「この地元名品を無くしてなるものか」と、名跡と製法を受け継いだ北陸製菓は、加賀百万石の誇りなり。

さくら棒 from 静岡

三島食品・麩の菓おふや（静岡県三島市）

他エリアの黒糖ベースの麩菓子と違い、表面がピンク色なのが特徴(他の色もあり)。上白糖を使って製造される静岡銘菓。90cmの長さはインパクト大。縁日やお土産物としても売られており、生粋の県民は麩菓子＝ピンクが定番であり、「東京で黒い麩菓子を初めて見たとき、本気で驚いた」(知人の静岡県民談)とのこと。

ビスくん from 名古屋

三ツ矢製菓（愛知県名古屋市）

長くてパキッとした食感が楽しい、お酒のおともにも3時のおやつにもピッタリなビスケット。パッケージはピノキオ君(風)と保安官(風)の2タイプ。果たして、どちらが『ビスくん』なのか？　喫茶店文化が根付く名古屋で、その見た目同様にロングなヒットを続ける駄菓子。

ハイ！トーチャン from 名古屋

ミリオン製菓（愛知県名古屋市）

愛され続けて半世紀。ほのかなカレー風味のあられ。せんべいは亀(黄色)・鯛(オレンジ)・飛行機(緑)の3タイプ。素朴ながら癖になること間違いなしの駄菓子。

カニチップ from 岐阜

ハル屋（岐阜県羽島郡）

カニパウダーと、口の中でほどける食感がやみつきになる。1981年誕生、試行錯誤と改良の末にたどりついた味はぜひご賞味あれ。濃味もあり、一度食べたらまた食べたくなる、信長公ゆかりの美濃生まれの名品。

満月ポン from 大阪

松岡製菓（大阪府大阪市）

今や知名度も全国区だが、地元大阪での愛され方は桁外れ。6種類のしょう油と5種類の小麦（西日本産）をブレンドさせ、1958年以来変わらぬ製法で作られ続けている。かの、やしきたかじんさんも愛したと言われる、大阪の宝。

島田のラムネ菓子 from 大阪

島田製菓（大阪府大阪市）

ラムネ味・サイダー味に始まり、ガラスの大びんに入ったタイプもある。口溶け柔らかで、ブドウ糖ではなく砂糖から作られた懐かしい味わい。そのかわいさから、食べ終わった瓶は、インテリアとして使われることも多い。

オオニシのブロイラー from 広島

オオニシ（広島県尾道市）

ガーリックと秘伝スパイスで味付け、低温殺菌+真空パックで日持ちもするハイクオリティの若鶏手羽先。昭和50年代の広島。駄菓子も扱う酒屋につまみとして置いていたら、そこから子どもたちに人気がブレイクし、駄菓子屋の定番となる。当時の子どもが大人になり、つまみとしても重宝されるなど、広島民のソウルフードとして老若男女に愛される至高の逸品じゃけん！

ミレービスケット from 高知

野村煎豆加工店（高知県高知市）

「ミレービスケットは高知県民に育ててもらった……」。野村と県民の相思相愛リスペクトの関係性は、さすが幕末の風雲児・坂本龍馬を生み出した土壌、と感心せざるを得ない。独特の食感と独創的なフレーバー開発で、今やミレーは『南国土佐を後にして』、全国に向け展開している。

やまとの味カレー from 長崎

大和製菓（長崎県佐世保市）

全国的な人気を博す「味カレー」のスパイスの調合は、熟練の職人さんから伝わる秘伝ということもさることながら、九州を中心に流通するやまとのスナックシリーズのクオリティ・美味しさ・種類の多さは鎮西一。地元・佐世保では直営店もあり、マスコットキャラ・やまとくんのゆるかわいさも魅力！

いちゃガリガリ from 沖縄

新里食品（沖縄県浦添市）

お菓子としては日本一……。いや世界一かもしれない、その固さ。いちゃ＝イカ。ガリガリ＝固い。合わせて一本のネーミング。元々はするめのゲソを天ぷらにしていたが、保存がきかないために固めに作られ、たどり着いた固さはまさに噛めば噛むほど味わい深い、琉球の風が生んだ、島人の宝。

サンティー from 沖縄

(株)Suntea A・K（沖縄県うるま市）

チューチュー、チューペットなど、各地で呼び名が違う飲料系駄菓子。沖縄では、『サンティー』『ミッキー』などと呼ばれる。レモンティーテイストで、冷やして良し、凍らせて良し、もちろん常温でもおいしい。4種のフレーバーのゼリーボンボンも人気。ぜひ本土の人にも飲んでもらいたい。

DATA

創業：平成24(2012)年
店主：村山保子

およそ駄菓子屋があるとは思えない、林の中の空き地にあるまぼろし堂

INTERVIEW 05

これが駄菓子屋の新形態

まぼろし堂

店先にはバスの止まらないバス停がある。その名の通り、思い出に残る体験ができるはずだ

心通じる“手動”販売機

千葉県八千代市の中心部から離れたのどかな田園地帯に、この店はある。最寄り駅（東葉高速鉄道「八千代緑が丘駅」）から徒歩40分（自転車だと25分）、近くにバス停はない。家族総出で竹藪を切り、基礎土台からすべて自分たちで作り上げた駄菓子屋「まぼろし堂」。林の中の空き地のような場所に建つこの店は、近隣の子どもたちのかっこうの遊び場で、近年はそのユニークな佇まいと遊び心が評判を呼び、好奇心旺盛な大人たちも集う隠れた人気スポットになっている。

「こんな場所だから、ふらっと偶然やってくる人はほとんどいません。開店当初はSNSを使って宣伝もしましたが、集客は完全な口コミですね。『なんか不思議なお店がある』『ここに来たら面白かった』、そんなふうに思ってくれた人がたくさんいたおかげで、テレビや雑誌などのメディアにも取り上げられ、今では全国各地から車やバイクでやって来る人も多くなりました」

それにしてもなぜ、耕作地と農道しかないこんな場所で駄菓子屋を始めようと思ったのだろう？　店主・村山保子さんの息子で、まぼろし堂の「おもしろ担当」という肩書を持つ成田英輝さんが開業の動機を話してくれた。

「とにかく家族で何かがやりたかったんです。開業の準備を始めたのは、ちょうど東日本大震災が発生した年。親も高齢だし、いつ何があるかわからない。自分も歳を重ね、これから先、親や家族と過ごす時間も限られている。そんな左／一見レトロなハンバーガーの自動販売機にしか見えないが、注文後に店内で作り始めて出来たてを提供する　右／駄菓子の手動販売機。コミュニケーションを取りながらの商品購入は、ここが駄菓子屋であることを再認識させる

ふうに思ったら、矢も楯もたまらず、実家に帰って何かを始めたくなったんです」

そして思い立ったのが駄菓子屋。建築関係の仕事をしていた英輝さんは、腕を振るって実家の土地に昭和の面影を伝える家屋を建築。店内に自身が子どもの頃に集めていたおもちゃを陳列して、記憶のかなたにある思い出の空間を再現した。開業までの準備に要した時間は1年半。終わりの見えない草刈りと竹藪の開墾作業に耐え、2012年9月、家族の力を総動員してついにオープンに漕ぎつけた。

「私が子どもの頃、このあたりには駄菓子屋が5〜6軒あったんです。でも今は潰れてしまい一軒もない。ここは自然以外何もない田舎だけど、近くに小学校や中学校があるから子どもたちも集まるはず。これだ！　と思いましたね」

店主の保子さんが手作業で駄菓子を詰め合わせた「元気でいてね弁当」

お店が軌道に乗り、なんとなくペースをつかみ始めてきた頃、大きな転機が訪れた。2021年に発令された新型コロナウイルス感染症緊急事態宣言である。

「一度は商売をやめることも考えました。高齢の母親の感染リスクを考えたらこれまでのように店内での販売は厳しい。密を避けるのが当たり前の世の中では、子どもたちを集めるのも憚られる。ならどうすれば、お店を続けることができるのか。その結果、思いついたのが、万全の感染対策を施した非接触での販売でした」

英輝さんは自動販売機ならぬ手動販売機を自作して、駄菓子のセット販売を開始。このユニークな販売スタイルが客の心をつかんだ。お客が販売機の前にやってくると、店主に代わってカッパのぬいぐるみ（「河童のやっぺくん」はまぼろし堂のマスコットキャラクター）が小さな窓から顔をのぞかせて「いらっしゃいませ」と応対。客が番号を告げて代金をトレイに入れ

手動販売機横の小窓から顔を出すマスコットキャラクター・河童のやっぺくん

ると、取り出し口から商品が出てくるというしかけだ。言葉ではなかなか伝わりづらいがこれがなかなか面白い。

種を明かしてしまえば、声の主は保子さん(営業中は「やっちゃん」というキャラクターを演じている)。店内に設置されたマイクで声色を変え、スピーカー越しに話しかけているのだが、無人販売だと思っている客は当然ながらみな驚く。店内のモニターには販売機の前に設置された3台のカメラの映像が映し出されるので、保子さんには客の姿はばっちり見えている。カッパは相手の反応に合わせて話しかけ、相手が子どもであれば「宿題はもう済ませたの？」「ちゃんと歯を磨くんだよ」「おうちのお手伝いもちゃんとしてね」なんて絶妙なアドリブを展開。そんなパフォーマンスを目の当たりにすると、子どもも大人も、バイクにまたがってやってきた腕にタトゥーが入った強面の兄ちゃんも、思わず相好を崩してしまうのだった。

「コロナが収束し、世の中が平常になったら対面型の駄菓子屋の営業を再開し、人が集まるイベントも復活したいですね。以前はフリーマーケットやベーゴマ大会を催したり、ステージを組んでプロのミュージシャンに演奏してもらったり、プロレス団体を呼んだりしていたんですよ。駄菓子屋をやる喜びは、自分たちも楽しみながら、人と人が繋がれること。せっかくこんな田舎まできてくれたんだから、ここでしか味わえない思い出をつくってほしいですね」

逆境をものともしない英輝さんと保子さんの遊び心は、人と人との繋がりが希薄な世の中で忘れてしまいがちな、いちばん大切なものを思い出させてくれる。千葉にあるレジャースポットは東京ディズニーランドだけじゃない。

やっぺくんに扮した店主の村山保子さん。このサービス精神こそがまぼろし堂を駄菓子屋たらしめている

1.**2**.**3**.**4**.家族総出で竹藪を開墾し、基礎から作り上げたまぼろし堂。開業までに1年半を要し、2012年9月11日にオープンした　**5**.敷地の一画にある、やっぺくんを祀るやっぺ神社　**6**.非接触での営業となり、今は使われなくなった店内。いつかまたお客さんと直接会える日を待っている

INFORMATION

まぼろし堂
千葉県八千代市桑橋116-3　☎080-8823-0923　営業時間：13：00頃〜19：00前後
定休日：月曜日・金曜日（祝日や近所の小学校の代休などによって変更あり）
アクセス：東葉高速鉄道「八千代中央駅」車10分

COLUMN

(05)

元祖・駄菓子ハンター

心の師・石橋幸作

戦国一の洒落者・伊達政宗公が夢の跡。東北地方最大の人口（約110万人）と経済規模を誇り、美しい広瀬川の流れと天下の名城青葉城に見守られる、瀬音ゆかしき杜の都・仙台。美味な酒・料理はもちろんのこと、観光・人的資源にも恵まれる美しき仙台の街に、駄菓子業界にとって大きな足跡を残した偉大なる先人がいたことをご存じだろうか？

その先人の名は石橋幸作（1900-1976）。仙台駄菓子「石橋屋」の2代目として、忙しい仕事の傍ら駄菓子研究に邁進し、貴重な休日を利用し、地元・東北を皮切りに各地を行脚。全国の駄菓子を事細かに調査し、記録（絵と文）に残し続けた元祖・駄菓子ハンターとも言える存在で、不肖・土橋は勝手ながら幸作を“心の師”と崇めている。

その心の師が歩んだ奇跡の軌跡を元に、駄菓子とは何かを考えてみよう。

幸作の駄菓子と戦後の駄菓子

先に申し上げておくと、幸作の探し求めた駄菓子は、江戸後期に各地方で花開いた独特の郷土菓子や伝統菓子、明治以降の都市部に勃興した初期的な家庭内手工業からなる雑菓子などのことである。本書で取り上げている、戦後生まれの駄菓子たちとは別物。しかし、完全に分けられるものでもない。東京下町荒川区・植田製菓謹製、上等なきな粉と餡、職人技の合体駄菓子であるあんこ玉や、黒砂糖をふんだんに使った福岡・熊本の伝統菓子黒棒など、系譜を江戸期や明治期にまで遡ることのできる駄菓子たちは、幸作が探し求めた駄菓子とも一部重なるからである。

駄菓子のルーツと発展

駄菓子のルーツは、絢爛豪華と倹約が入り混じった江戸期に遡ることができる。当時は砂糖の精製技術が未熟で、上等な白砂糖はほぼ長崎出島からの輸入に頼っていた。高価で流通規制があり、茶の湯や上流階級しか食べられなかった京菓子や南蛮菓子のような、白砂糖を使った高価な菓子を上菓子という。

そして、琉球王国（現・沖縄県）と薩摩藩（現・鹿児島県）の密、もとい蜜貿易により流通したサトウキビ産の黒砂糖を駆使し、麦・ひえ・あわ・豆等を合わせ、安価で庶民向けに作られた菓子の事を駄菓子と呼んだ。

当初は、高価な『上菓子』と安価な『駄菓子』は、見た目からも区別しやすいものだった。

しかし、町人文化が成熟した後は、芋羊羹・きな粉飴などの飴類・かりんとう・塩せんべい・カルメ焼きなどへと進化し、各地へ伝播していく途上で、レパートリーが増え、駄（目）な菓子からおいしく見た目も凝った菓子へと変貌していく。この流れは文明開化以後、西洋より再度入ってきたお菓子を、日本のお家芸でもある「真似る→手を加える→進化させる」の連鎖で更に加速していく。駄菓子のレベルもますます磨きがかかり、すでに“駄”とは言えないクオリティへ。どら焼き・最中・雷おこしなどは全国的に愛され、（高級）和菓子へ昇華するものも現れていく。各地方には駄菓子に端を発し、地元で根付き発展していった郷土菓子が数多生まれていった。この郷土菓子を幸作は記録に残し続けたのである。

日本菓子の親分

幸作は後年、「駄菓子は日本国中至るところに存在しているもので、（中略）駄菓子こそけだし日本菓子の親分であるといっても言い過ぎではありません」（佐藤敏悦『ふるさとの駄菓子 石橋幸作が愛した味とかたち』LIXIL出版）と言っている。

まさにその言葉通り、多くの駄菓子を調査し、独自の発展段階で3つの区分、用途・価値による5つの分類を確立させた。

【3つの発展区分】

●京、長崎、江戸の系統を引き
　各地で発展したモノ
●土地固有の習俗、信仰などよって
　培われたモノ
●各地の住民が手持ちの材料で
　考案し作ったモノ

【5つの分類】

●信仰　●薬　●道中　●食玩　●お茶請け

現代和菓子の多くがこの分類に何かしら当てはまることに気付かされるだろう。幸作の慧眼に驚きを禁じえない。

幸作の残した多くの資料が紹介されている『ふるさとの駄菓子 石橋幸作が愛した味とかたち』

駄菓子は我が子

寿司、天ぷら、蕎麦にもんじゃ焼き……と、江戸期に庶民のファストフードとして誕生した安い・早い・旨い料理は、今や世界中で人気と知名度を有する日本食として輝きを放っている。

同様に駄菓子に端を発する、幸作がたどり着いた和菓子・仙台駄菓子などの伝統菓子も、今や日本が世界に誇る宝であることは言わずもがなである。

「駄菓子が世間にあまりにもありふれたものであった関係から、記録に残らず、忘れようともしないうちに忘れ去られてしまった……」（同『ふるさとの駄菓子 石橋幸作が愛した味とかたち』）という状況下においても、口癖だった『駄菓子は我が子』と自身を奮い立たせ、足と耳目を頼りに調査を続け、駄菓子の足跡を後世に伝えてくれたことは特筆に値する。

戦後の混乱期から昭和〜平成を越え、独自に進化・発展を続け、子どもたちのみならず大人たちをも虜にし続け、世界に誇る日本の文化へ躍進した令和の駄菓子。

メーカー→問屋→駄菓子屋へと、安価で美味しい駄菓子が、日本のきめ細やかなネットワーク網の進化により、全国津々浦々へと届けられていることを、天国の師匠は目を細めて喜ばれているに違いない。

西陣織の染物屋さんが住んでいたという築100年以上の立派な家構え

DATA

創業	2017(平成29)年
店主	北原妙子

INTERVIEW 06

友達の家のような京町家

北原商店

居間が駄菓子売り場兼くつろぎスペースになっている

子どもと“かつての”子どものために

平安の時代より、洗練され深みを増した文化と四季の移ろい、美しい街並み、自然とが、世界中を魅了し続ける千年の都・京都。人口約148万人を誇る政令指定都市である京都市11区のうちの1区・上京区。

数多の栄枯盛衰を見つめ続けた京都御所を中心に、全国1万2千社の天満宮・天神社の総本社北野天満宮や、陰陽師・安倍晴明公を祀った晴明神社など歴史的な遺産の数々と、西陣織に代表される伝統工芸・町家文化が令和の今も見事に融合している。

その上京区・西陣エリアにある京町家の中に、靴を脱いで上がるスタイルの風流な駄菓子屋、北原商店がある。建物は築100年以上。以前は西陣織の染物屋さんが住んでいたという。

「小学生の日常に混ざりたかったというのが大きいと思います。大学生の頃に駄菓子屋さんを見かけて、子どもたちの輪に入りたいなと思ったのが原点です」

駄菓子屋を始めるきっかけをそう語るのは、北原商店店主の北原妙子さん。

もともと関東出身の北原さん。古い建物が好きで、京都の町屋に住みたいという思いがあった。町屋に住みたい気持ちと駄菓子屋をやりたいという気持ちが合わさり、年に1度は長めの休暇を取って京都を訪れ、町屋が多いところを自転車でずっと回り、良い物件がないか不動産屋さんにも問い合わせてきた。

探し始めてから5年が経ち、これでは埒が明かないと仕事を辞めることを決意。そこから本

写真提供：北原商店

元は染物職人が住んでいた建物。入り口に面した通路は一反分（約12m）の長さがある

格的に物件を当たり、今の町家と出合った。辞めた前職というのは大手おもちゃメーカーで、間接的に子どもたちとは関わってきていた。

「メーカーに勤務していた頃は、ビジネスとして裏付けを求められるため、市場の流行ばかりを追いかけてしまって、直接子どもたちと触れ合うことは少なかったですね。今は平日にアミューズメント系の仕事をしていて、駄菓子屋を開けるのは土日だけですが、子どもたちと同じ目線に立っているなと実感しています」

　店は靴を脱いで上がるスタイル。中に入ると、甘い駄菓子の香りとともに居間でくつろぐ子どもたちの姿が。

　これをしては駄目といったルールはないが、あえて言うなら「店でダラダラしていい」というのが北原商店ならでは。ちゃぶ台、テレビにゲーム、漫画の並ぶ本棚と、友達の家に遊びに来たかのような錯覚に陥る。

　子どもたちが「公園行こうぜ」のノリで「銭湯行こうぜ」という会話が出るほど、銭湯文化が今も根強く残る京都。調べてみると鏡広告専門の会社があり、出した広告のキャッチコピーは「まるで友達の家」。

　実は物件が決まってからも、開店までの道のりは長かった。開業にあたって本を読んだり、保健所に行ったり、看板だけ掲げてみたりと、2年くらい躊躇してしまい、ある日近所の子から「いつ始めるの！　楽しみにしてるんだぞ！」と発破をかけられ、ようやく2017年にオープンした。

　慌ててオープンしたため、何の広告も出さなかった。ただ、あえて告知をしなかったという面もあったという。

「前職のおもちゃメーカーの仕事だったり、今

お小遣いの中のベストチョイスに余念がない子どもたち。関西圏ではあまり見られない駄菓子も取り扱う

京都御所、二条城からもほど近い北原商店。今も同じ通りに町家が残る

は広告と繋がる仕事を平日にしているので、何かをやるのにプロモーションというのは当たり前になっていたんですが、全く告知しないとどうやって広がってくんだろうって。ちょっと興味もあって何もしなかったという怖いもの見たさの気持ちもありました」

その効果はしばらくしてから表れることとなる。宣伝をしていないので、当然のことながらお客さんはほとんど来ない。

そんな中、数少ない開店時からの常連、向かいのお家の姉妹の子たちが北原商店のショップカードをポスティングする遊びをし始めた。すると近所の小学生が「そこ駄菓子屋らしいで」と見に来たりするように。

2ヶ月ほどが経ち、徐々に近所の認知度が上がっていく中、決定的な出来事が。

「授業参観の“私の町のおすすめ”という課題があって、お姉ちゃんの方がうちを紹介してくれたみたいなんですね。授業参観の口コミ効果は大きくて、親子でその話を聞いて、ここだここだみたいにご家族が何組もいらっしゃってくれました。子ども向けの雑誌に広告を入れるなど店から発信するという方法しか頭になかったのですが、小学生から授業で発表してもらって情報発信してもらえるというPR方法を知りました。こんなピュアな広がり方があるのかというのは大きな収穫でしたね」

駄菓子の品揃えにもこだわりがある。なじみの問屋以外にも、大阪松屋町の大きな問屋まで足を伸ばして、知見を得ている。輸送時の液漏れの関係であまり出回らないすもも漬けなど、関西では知られていない各地の駄菓子を探し回る。知らず知らずのうちに北原商店に通う子どもたちはその恩恵を受けているのだ。

店主の北原妙子さん。かつては大手おもちゃメーカーで働き、子どもたちの日常に混ざりたいと駄菓子屋を始めた

また、おせんべいや焼き菓子には菓子折りがあるのに、なんで駄菓子にはないのかという疑問から、ギフトボックスも作ってみた。お歳暮やお祝い、手土産として、駄菓子をそのまま渡すのではなく、ギフトとして箱詰めして贈る。駄菓子がコミュニケーションツールになり、世代を超えて喜ばれている。

平日は自宅、週末は駄菓子屋と、まさに職住一体の北原商店。
「ちょうどコロナのタイミングで、会社問わずいろんな方とやり取りができるといいなということを思って、フリーランスになり、平日はお家で働いたり、業務契約先のオフィスを転々として働いたりしています。その会社主催のイベントで頼まれて出張駄菓子屋をやったりもしていて、駄菓子屋を中心に輪ができつつあります。

最近は大人のお客さんも増え、4割ほどを占めるまでになった。当初はどうしてもやはり子どもたち優先という気持ちがあったというが、それも変化してきているという。

「自分が子どもたちの日常に入りたくて始めたので、大人のお客様のことはあまり考えていなかったんですけど、最近になって大人が子どもの頃の気持ちになってきていることに気づいたんですね。子どもたちと、かつての子どもたち、年齢層問わず楽しめる場所というのを今は目指しています」

子どもも大人も、靴を脱いで座れば目線はいっしょ。友達の家のようにくつろげる空間、それが北原商店だ。

1

2

3

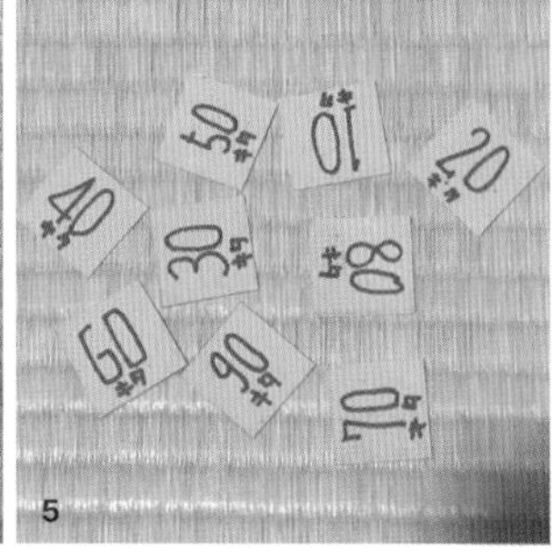

1.同志社女子大学文化祭での出張駄菓子屋　**2**.店先で駄菓子を手に営業時間を告知　**3**.駄菓子を食べて、ゲームをして……。子どもも大人も思い思いにくつろぐ　**4**.駄菓子のギフトボックス。レトロでおしゃれなデザインで、手土産にも喜ばれる　**5**.北原商店だけで流通しているくじの当たり金券。10キタ＝10円として使用できる　**6**.上京区の銭湯・松葉湯に掲示された北原商店の鏡広告　**7**.子どもや大人だけではなく、夜にはこんなお客さんも訪れる

INFORMATION

北原商店
京都府京都市上京区猪熊通下立売上る荒神町440　kitaharashouten
営業時間：13：00〜18：00　定休日：平日（不定休）
アクセス：京都市営地下鉄烏丸線「丸太町駅」徒歩10分

COLUMN

(06)

ぼくたちの失敗

不文律の掟

●高額紙幣は使うべからず
●扉は迅速に閉めるべし（冬季）
●店内での揉め事は、店内で解決すべし

実はこれらは、私が少年時代に通っていた駄菓子屋・駒形『ババヤ』でのルール。

もっともルールと言っても、特に壁に貼られている訳ではなく、代々の常連客（子どもたち）に口伝的に教えられていく“不文律の掟”のようなものだった。

大人になってから駄菓子屋巡りをしていると、「入店時は元気にあいさつ！」とか、「子どもの時間と大人の時間を分けよう」とか、「おごりと驕り禁止」など、ハイブリッドなルールに触れる機会も多々ある。

このように各地の駄菓子屋には、地域性や時代背景を元に、潤滑に店を運営できるようにと店主と代々の子どもたちにより生み出されてきた、独自のルールが存在するもの。

その存在を知らず、故に守らず、よってシメられる……。

激動の昭和が終わり、平成が動き始めた頃。他エリアの駄菓子屋で一つ年上の先輩方によってつけられた、人生初の黒星。【ぼくたちの失敗】をここに綴る。

冒険の旅へ

「知らねーの？　よこたにはさ。中に鉄板が置いてあってさ。もんじゃ食べられんだぜ！」

小学5年生の夏休み。登校日でのこと。舌っ足らずなTというクラスメイトの一言に端を発した私の冒険心。

「よ〜し。行ってやろうじゃねーか！　T、案内せいや！」

Tを案内人に、即座によこた行きを決めた私と友達2人。計4人。

地元は東京下町・台東区。世界的にも有名な観光地、浅草の外れにある駒形・寿・蔵前エリアが私たちのテリトリーだったが、『スタンド・バイ・ミー』『グーニーズ』『ドラゴンクエスト』……胸に去来する数多の冒険譚が、行きつけの駄菓子屋・ババヤのおばちゃんに対しての後ろめたさを打ち消し、ハイテンションでテリトリー外である墨田区の駄菓子屋よこたへと向かわせたのだった。
自転車で区の境界である隅田川を一気に駆け抜ける際に皆で歌ったのは、ドラゴンボールのED曲『ロマンティックあげるよ』であった。私も友達もみんながこう思ったことだろう。「人生は素晴らしい！」と。

駄菓子屋もんじゃとは

さて、ここで「駄菓子屋もんじゃ」について説明しよう。東京下町エリアを中心に、関東随所で見られたスタイルで、駄菓子屋の店内にある鉄板を4〜5人で囲み、もんじゃを自分たちの好きなように焼き、食べられるイートインスタイルの駄菓子屋のこと。
もんじゃと言っても今風の高価な代物ではなく、水に溶いた小麦粉にキャベツを入れてソースで味付けする簡単な物が主流で、安価で食べられたことから「100円もんじゃ」とも呼ばれていた。ベビースター、キャベツ太郎、イカ系駄菓子などをトッピングして、独自の味を生み出す子どももいた。私たちのテリトリー内には駄菓子屋もんじゃは当時すでになく、各地でも平成前期を境に徐々に姿を消し、現在は数えるばかりになってしまっている。

ハレの日のよこた

車通りから、生活路地を入った奥から入店。扉を開け、靴を脱ぎ、小上がりを登ると真ん中にどんと鎮座する1組の鉄板と、周囲を取り囲む駄菓子たち。畳の匂いともんじゃの匂い、そして少し背の曲がったおばちゃんが出迎えてくれる。店内でもんじゃを食べられるのは1組だけ。隠し味はおばちゃんの優しさ。それが「よこた」だった。
一度訪れれば、勝手知ったる他の店。平時はババヤでたむろして、ハレの日はよこたでもんじゃを奮発する……。これが私たちのローテーションになっていった。
私たちは少ない小遣いをシェアし、1000円位で大きいボウル一杯の魚肉ソーセージ・イカ・サクラエビ入りの豪華なもんじゃをむさぼるようになっていった。
そんなよこた通いにも少し慣れてきたある日、事件が起こった……。

勇気一つを友にして

いつものように、もんじゃをペロリと平らげた後も場に居座り、おしゃべりに興じていると、突然店の扉が開き、坊主頭の大柄な少年（※以下ナッパとする）を先頭にした数人が入店した。何するわけでもなく、店の入口に立っている面々の顔をチラッと見て戦慄が走った。
なぜなら、その少年たちの目に浮かんでいるのは、私たちに対する激しい敵意そのものだったからである……。
「ここじゃよこたに迷惑かかるから。お前らちいとばかし、面かせや」
鋭い眼光で瞬時に場を飲み込み、変声期を軽く乗り越えた低い声でこちらを威圧、すぐに踵を返して店を出ていくナッパ、そして2〜3人の仲間たち。

理由もわからぬ突然の来襲に、マンガに出てくる骸骨キャラのごとく、恐怖でガタガタと縦に震え始めたNを筆頭に、一斉にビビり始める私たち。

よこたから出るには、細い路地を抜けるのみ。当然、逃げ場はない。ババヤでも、何度か他学校の生徒といざこざがあったが、その度に乗り越えてきたじゃないか！　大丈夫。きっとなんとかなる（はず）。

「行くしかないでしょ。外で待ち伏せしてるだろうし。大丈夫だよ。あんなの大したことないって」

友達に惨めな姿を見せるわけにはいかない。ただその一心で、ギリシャ神話のイカロスのように『勇気一つを友にして』、自身を鼓舞してみたものの、足と唇が完全に震えているのは傍から見ても一目瞭然だった。ついて行った公園には、ナッパを頂点にぞろぞろと相手サイドの仲間が集結しており、すでに10人近くになっていた。

対するこちらは4人。ここは墨田区。他の友達や先輩などの援軍の期待も、地の利もない中、絶望的な戦いが火蓋を切ったのである……。

完敗の予感

「お前ら。なぜ食べたらすぐどかん？　次の奴らが来たら片づけてすぐに出ろや。おぅ？」

ゆっくりと低い声で話すナッパを改めて見て、その体躯の大きさ、落ちつきはらった態度、顔のテカリ方に「ヤベ〜。この人、中学生だ……」と思い、肝が冷えるのを感じた。もはや、周りの友達を気にする余裕など1ミリも残っていなかった。

言われてみれば、私たちが食べてる最中、よこたに来て鉄板を覗いてきたグループが、今までも何組かいた。まさかそれが次の順番待ちのサインだったとは……。

「お前らどこのモン？　何年だよ。覚悟できてる？　覚悟できてるからノコノコ来たんだろう？」

不敵な笑みを浮かべるナッパの背中越しに、次々と増強される敵の援軍（野次馬）の姿が見えた。

「ご、ごめ…ごねん…浅草」

言い返そうとしてもうまく言葉が出てこない。両親・先生・近所の大人から怒られるのとは次元が違う。ただ恐怖感だけが支配する絶望的な状況。と、そこに突然「待った」がかかった。しかも、相手側から。

少し長い髪を中分けし、ジーンズを爽やかに着こなした色男がスケボーに乗りながら颯爽と近づいて来たのである。

スケボーに乗った少年

「君たち川向こう（台東区）の子？　次の人来たらどかなきゃダメじゃん（笑）」

勢いとノリに任せてベジータと名付けたい気持ちをグッと抑え、その優しげで大人っぽい雰囲気からミチルと勝手に呼ばせてもらうこととするが、その爽やかな少年・ミチルの登場で話は急展開することになる。

「かわいそうに、こんなに震えてるじゃん（笑）。この子たち、もんじゃのルール知らなかったんでしょ？　今回は許してやれば？」
「別にわかりゃいいんだけどよ……」とナッパが簡単に引き下がったのが意外だった。
彼らは自分たちの庭であるよこたに余所者が入ってきたから怒っていたのではなく、あくまでもルールを守らない私たちに好戦的になっていただけだったのだ。
それにしても。言葉一つで場を押さえつけるミチル、只者ではない。ボスだ、やつがボスだ。そのボスが停戦を命じているのだから、もう大丈夫なはず。
命拾いした安心感からか、一瞬、過呼吸状態になり、その後安心しきってヘナヘナと座り込む私。友達も皆、似たような状態だった。
そんな私たちに目線を合わせるようにしゃがみ込んだミチルが話したこと。それは

●待ち人来たら、速やかに食べて退去せよ
●年の上下に関わらず、順番の譲り譲られは厳禁

というのがよこたのルール。
私たちに穏やかに諭すミチルの目は、まったく笑ってはいなかった。
スケボーで去りゆく背中からは、強き男のオーラを感じるとともに「次はないからな」という、厳しさが漂っていた……。

戦いの挽歌

野次馬達は散開し、ギスギスした空気が薄れてきたとき、
「お前ら、一個下のくせに、この人数相手にやる気だったのかよ？（笑）」
威圧的なナッパが見せた柄にもない笑顔には驚いたが、この少年が1個上（小学6年生）ということが最大級の驚きだった。敵陣より離脱し、隅田川を自転車で渡る。我らが陣地、ゴチャゴチャした浅草の町が見えてきた。
「ちき（私のあだ名）はスゲーよ。あんな人数相手に引かないんだもんな〜」
「負けてねー。引き分けでいいんじゃね？」
「NもRほとんど泣いて震えてただけなのに何言ってんだよ（笑）。でも、4対20（誇張）でやりあったのは伝説になるな」
無口で暗くなっている私に対し、子どもながらに気を利かせてくれる友達のフォローが、心地よい川風とは裏腹に、私の心を哀しい色へと染めていく。
川を渡りきり、友達と別れ、緊張状態から完全に開放。独りになった道すがらに、安心感、悔しさ、惨めさが同居した、初めて味わう感情に幼き私は耐えきれず、肩を大きく震わせて小さな声で泣いた。
拭っても拭ってもあふれてくる涙を嘲笑うかのように、帰宅を促す無機質な5時のチャイムが辺りに鳴り響いていた。

駄菓子屋には駄菓子屋のルールが存在する。
情けない人生初黒星と引き換えに、「郷に入りては郷に従え」という教訓を知った、遠い夏の日の【ぼくたちの失敗】である。

DATA

創業	1928年(昭和3年)
店主	倉本聖也

INTERVIEW 07

製造・卸・小売の"三足"のわらじ

倉本製菓

1世紀近くにわたり門前に店を構える倉本製菓。奥に見えるのが四国八十八ヶ所霊場・第23番札所、薬王寺

中央に駄菓子コーナーを配したすっきりとしたレイアウトの店内。150種類以上の駄菓子を取り扱う

3代にわたって守り続ける伝統の味

「ごっついおいしいんじょ」「バリバリかめるんじぇ」「とまらなくなるでよ」

名物「やくよけ飴」のパッケージに書かれた小気味よい阿波弁（徳島弁）の商品説明を見れば、誰しもが食べてみたくなること間違いなし。ここは徳島県美波町。地元で「おやくっさん」と親しまれる、厄除け祈願で有名な四国八十八ヶ所霊場・第23番札所、薬王寺の門前として栄えた日和佐地区にある倉本製菓の創業は1928年（昭和3年）。

日和佐名物やくよけ飴のメーカーであり、県南地区に顧客を抱える卸問屋の顔も持ち、駄菓子屋として地元で愛され続けているという、製造・卸・小売の3つのスタイルを併せ持つ、駄菓子業界にとっても稀有な存在だ。

「初代が薬王寺の門前で飴・饅頭などの製造販売を開始したのが、うちのルーツです。先代である2代目夫婦が販路を拡げ、自社製造菓子と既製品菓子、そしてグリコの特約店として卸売りと小売を同時展開し、今に至ります」と、説明してくれたのは倉本美絵さん。3代目を受け継いだ夫の聖也さんと二人三脚で、老舗の伝統を守り続けている。

倉本製菓には美波町内や近隣地域からだけではなく、遠く阿南市・徳島市からも多くの家族連れや駄菓子好きたちが訪れる。それも明朗快活で優しいご夫婦の人柄あってのこと。日和佐の生まれの聖也さんと、福岡県福津市生まれの美絵さん。出会いは東京のとある会社で同僚として働いていた頃。

写真提供：倉本製菓

左／厄除けの寺として有名な薬王寺　右／名物やくよけ飴を手にする3代目の倉本聖也さん

「福岡で生まれ東京で就職して。まさか自分が、徳島の、それも老舗の3代目女将になるとは思いもしませんでした（笑）」と美絵さん。聖也さんが地元に戻った後に、遠距離恋愛を経て結婚。日和佐に嫁いですぐに倉本製菓で働き始め、先代からやくよけ飴の製造・販売のイロハを懸命に学んだ。

伝統的な菓子がほぼそうであるように、やくよけ飴も基本的に家内制手工業で作られる限定数量販売菓子。製造するのは11月〜12月。大晦日〜正月期間がメイン商戦となるために、その時期は、製造と販売で大忙しとなる。休む間もなく、と言うより、寝る間もなく一家総出でやくよけ飴作りに取り掛かる。

家族の想いが詰まったやくよけ飴の人気は非常に高く、日和佐に住む人にとっては思い出の味であり、初めて食べる人にとっても、なぜかノスタルジーを感じさせる味。だいたい2月頃には完売してしまうという。限定数量販売＝売切れ御免で、買えなかった人は次の冬まで待たねばならない。味はもちろんのこと、年末年始の厄落としとして、愛され続けている。

「ここまでの道のりは決して楽ではありませんでした。むしろ大変だったなぁ〜（笑）。今は伝統あるやくよけ飴製造の担い手として、町の子どもたちの憩いの場として、責任感を持ちながらも、楽しく仕事をさせてもらっています」

美絵さんはブログやSNSで情報発信し、ネットワークを広げている。SNSで知り合った北海道の駄菓子屋さんがやくよけ飴を仕入れ、自分の店で販売してくれたことも。もちろん、大盛況ですぐに完売御礼。（ちなみに、この北海道の駄菓子屋さんとは、江別市にある『だがしや　でぃらいと』と、岩見沢市にある『だがしや　お菓子な家』）

プレーン、青のり、ピーナッツ、ミックスナッツと様々な味があるやくよけ飴

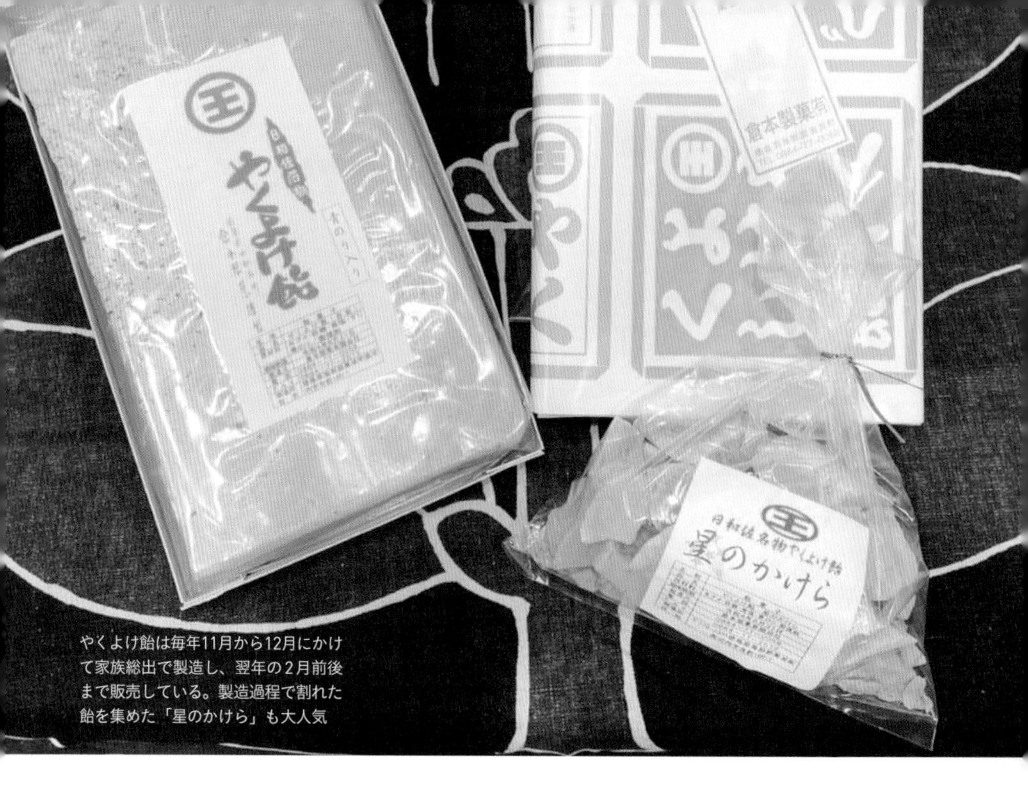

やくよけ飴は毎年11月から12月にかけて家族総出で製造し、翌年の2月前後まで販売している。製造過程で割れた飴を集めた「星のかけら」も大人気

味の傾向としてはカルメ焼きに近いが、プレーン、青のり、ピーナッツ、ミックスナッツなどのフレーバーがあり、お焦げもあって香ばしい。板状になっており、それをハンマーで割って食べやすい大きさにする。気持ちよく割れる飴とともに、厄もいっしょに払われる思いがする。製造過程で出る割れ物を集めて袋詰めにした新商品「星のかけら」も食べやすいと大人気だ。

平時はアイスクリーム販売やお菓子の詰め合わせも手掛け、種々の駄菓子・お菓子を販売し、子どもたちの笑顔を守り続けている倉本製菓。

メーカー（製造）・問屋（流通）・駄菓子屋（小売）としての機能を併せ持つ、謂わば“駄菓子問屋メーカー”は日本広しと言えど、非常に珍しい貴重な存在。美波町の合言葉である「にぎやかそ」を構成する大いなる“宝”であると言っても過言ではない。

「子どもは学生の娘と息子がいます。4代目（候補）ですか？（笑）。まだまだ先の話ですが、私たちは子どもたちには自分の好きな道へ進んで欲しいと思っています。でも、倉本家の歴史そのものであるやくよけ飴の想いというか、誇りは受け継いで欲しいですよね。最近息子はその自覚が少し出てきた気がしますけど、まあ長い目で見ています（笑）」

老舗の4代目というとその重圧たるや計り知れないが、このおおらかで面白いご両親のもと、大いに青春を楽しんでもらいたいものだ。

近隣の方も、お遍路さんも、もちろん旅する人々も。日和佐観光の目的のひとつとして、笑顔が素敵な3代目夫婦が切り盛りする駄菓子屋、倉本製菓を訪れてはいかがだろうか。

倉本聖也さん・美絵さん夫妻。美絵さんはSNSを活用し、駄菓子屋業界のネットワークを広めている

子どもたちの駄菓子選びはいつも真剣勝負

1.板状のやくよけ飴はハンマーで割って食べるのが流儀　**2**.店から歩いて15分ほどで、「日本の渚百選」に選ばれ、ウミガメの産卵地として有名な大浜海岸の絶景が望める

3.先代である2代目のご両親が、製造に加え、卸、小売の今の営業を形作った　**4**.**5**.レジ横に飾られた昔の写真。昭和、平成、令和と時代を超えて愛されている　**6**.今も変わらず地元の子どもたちや参拝客を迎え続けている倉本製菓

INFORMATION

倉本製菓
徳島県海部郡美波町奥河内寺前100-1　☎0884-77-0068
営業時間：9:00〜18:30　定休日：不定休
アクセス：JR牟岐線「日和佐駅」徒歩6分

COLUMN

(07)

駄菓子メーカー探訪❷

遠藤食品株式会社

また逢う日まで

キングカレー（雷屋・京都府）
梅ジャム（梅の花本舗・東京都）
面白ボーイ系ジュース（まるたけ食品・群馬県）
妖怪けむり（まるひで）など。

メーカー廃業により、終売した駄菓子・玩具の諸行無常なストーリーは枚挙に暇がない。

●店主の高齢化
●製造機器の老朽化
●後継者不在

メーカーの廃業は駄菓子屋の廃業とほぼ同じ事由による。駄菓子業界は日本社会が抱える負のスパイラルのど真ん中にいると言っても過言ではない。

メーカー側が世間に対し、別れのそのわけを話したくないと思ったとしても、終売・廃業の噂だけが一方的に流れ、すぐに拡散してしまうのが情報社会の世の常。駄菓子業界と無関係の門外漢たちによる買い占め、特に転売ヤーと呼ばれる輩たちの暗躍により品切れ続出……。本当に必要な人たちや場所へ届かず、哀しみとともに「なんだかな～」というモヤモヤに包まれたことは、駄菓子に限らず

メーカー廃業により、惜しまれつつも終売した駄菓子。上／梅ジャム（梅の花本舗）　下／面白ボーイ レモンスカッシュ味（まるたけ食品）

皆様の記憶にもあるだろう。

激しい買い占めが起こる背景は、駄菓子が代替不可能な商品であり、終売・廃業が“永遠の別れ”に直結してしまう可能性が極めて高いということを如実にあらわしていると言える。「また逢う日まで」と願ったところで、もう二度と食べられない（可能性が高い）のは、悲しいことである。

川の流れのように

メーカー廃業の知らせは私たち駄菓子屋世代にとって、悲しく、悔しく、そして勿体ないと思う、共通の出来事だ。

「何とかできないだろうか？」

個々人がそのように願ったところで、設備やノウハウを受け継ぐ人的・場所的・金銭的なキャパシティがなければ難しく、肝心のメーカーに存続（継続・譲渡）の意思がなければ、そもそも不可能な話である。

この、もどかしく、やるせない出来事に、多くの駄菓子関係者や好事家たちも危機感・喪失感を募らせている。

いわんや、間近で廃業メーカーの、知らず知らず歩いてきた細く長いこの道を見てきた同業・同郷のメーカーたち、をや。

この味、この型、この命。無くしてしまうのはあまりにも惜し過ぎる。

「何とかできないのだろうか？」から一歩踏み込み、「何とかしよう！」と立ち上がってくれたメーカーたちがいてくれるのだ。

終売する駄菓子があれば、事業譲渡により販売が継続される駄菓子もある。上／ダイケンヨーグル（神谷醸造食品）下／ポテトスナック（かとう製菓）

●トンガリ菓子
　井桁千製菓（名古屋市）が廃業→
　（有）坂製菓（名古屋市）
●ポテトスナック
　いすみ製菓（安城市）が廃業→
　かとう製菓（西尾市）
●ダイケンヨーグル
　ダイケン製菓所（豊橋市）が廃業→
　神谷醸造食品（豊田市）

多くの駄菓子メーカー・問屋が軒を並べ、“駄菓子の里”と呼ばれる名古屋市西区を擁する愛知県だけでも、これだけの駄菓子が、一旦羽を休めた後、再び羽ばたいていった。

遠藤食品株式会社

写真：金子怜史

坂製菓によって復活を果たしたトンガリ菓子

作り方の継承、材料の供給ルート・人材の確保、機器のメンテナンスやその他諸々に至るまで、かかるコストも「子どもたちの笑顔を守るためならお安い御用さ」と言わんばかりのそのスタイル、尊敬せずにはいられない。

そしてかつては流通範囲が関東地方及びその周辺だった、関東人には馴染み深いあの駄菓子。甘酸っぱい漬ダレ仕様のピンクの大根。子どもには少し背伸びした大人の味、大人には酒のつまみや料理のワンポイントにちょうど良い！　栄養価満点の、そう！「さくら大根」である。「さようなら」の危機を乗り越え、元々の生まれ故郷である千葉県・我孫子市を離れ、厄除け大師やラーメンでお馴染みの栃木県佐野市に居を移し、再び未来に向けて羽ばたき始めた。でこぼこ道や、曲がりくねった道、地図さえない、それもまた事業譲渡。

川の流れのような、そのストーリーをここに記す。

さくら大根、歩んできた道のり

まずはさくら大根について説明をさせていただきたい。

1952年（昭和32年）、すももやたくあん漬けを製造していた、千葉県我孫子市のみやま食品工業でさくら大根は誕生した。

とある女性社員が作業工程の途上、たくあんに使用する大根を誤ってすももの漬けダレに落としてしまい、廃棄と思いきや、食べてみたらメチャクチャおいしかった。これはイケる、とすぐに商品化という流れだったそう。

パリパリの食感が、子どもだけでなく大人にも人気のさくら大根

甘酸っぱくシャキシャキとした独特の食感・味に加え、大根そのものズバリなスタイル、牧歌的なパッケージ（少女・農夫のおじさんの2パターン）などで、大ブレイク。さくら大根は関東を代表するローカル系駄菓子へと躍進する。発売当時は1袋10円だったが、コスト・原料の上昇や時代の流れを受け、徐々に価格も高くなっていき、私が子どもの

写真提供：遠藤食品株式会社

頃は3枚入で30円（消費税導入前）だったと記憶している。

順調にその地位・人気を築いてきたさくら大根だったが、2019年。みやま食品工業の深山社長は廃業を決断される。

設備の老朽化、後継者不在など諸問題がその理由で、さくら大根がそのまま終売となり、噂が桜前線の拡がりレベルで伝播し、買い占めが起こってもおかしくない状況。しかし“さくら”は散ることなく、再び咲き始めたのだった。

さくら大根存亡の危機を救った遠藤栄一社長

技術の粋を受け継ぐ、粋な心意気

足尾銅山鉱毒問題に取り組んだ天下の義士・田中正造翁の出身地であり、佐野厄除け大師（春日岡山 惣宗官寺）でもおなじみ。近年は佐野ラーメンや佐野プレミアム・アウトレットなどでも注目が集まる栃木県佐野市に本拠を構える遠藤食品株式会社が、さくら大根を受け継いだメーカーだ。

『“しょうが”を食卓に…』の精神で日夜研鑽を続ける、国内ガリのシェアトップを誇る同社が、どのような経緯・想いで引き継がれたのだろうか。

遠藤食品株式会社の遠藤栄一社長と、SNSやHPのコラムでさくら大根愛を発信し続ける、商品開発担当の伊藤悠里さんにお話を伺った。

「小さい頃からさくら大根が大好きだったから。それが一番の理由です（笑）。日本の文化である駄菓子の灯火は守らなきゃね。」

ガリや生姜食品とは畑違いの大根、なぜそれを引き継ぐ決心をされたのかと言う、核心を突く問いに対し、これでもかと言うレベルの速さで即答してくれた遠藤社長。

元々、漬物業界の会合などでみやま食品の深山社長とは旧知の仲だったそう。内々で廃業および事業譲渡の相談を受けた際、すぐに決心されたそうです。「うちが引き継ぐよ！」

みやま食品から遠藤食品に受け継がれたさくら大根

と。

半世紀以上に渡り、人生をかけて作り続けてきたさくら大根の命脈が続くとわかった時、そして今なお現役バリバリ、もといパリパリ売られていることは、深山社長はじめ、みやま食品工業の元従業員の皆様方にとっても何より嬉しいことであろう。

「老朽化した製造機器は直していけばいい。人手が足りなければ協力して改善していけばいい。弊社には事業譲渡の前例がありますし、社員一同、皆でなんとかしようよ！と（笑）」

ラインの新設、原料の確保、新たな商圏への挑戦などなど、並々ならぬ苦労があったことは想像に難くない。

　しかしそれを見せずにニッコリと笑う遠藤社長の心意気……。全国のさくら大根ファンのみなさんは、佐野に足を向けて眠れないであろう。

明日へと続く駄菓子道

「全国の皆さんにもっともっと、知って欲しいです。食べたことがない大人の方にもぜひチャレンジしてもらいたい。色々と料理にもアレンジできるし、おつまみにも最高なんですよ（笑）」

　新しい仲間であるさくら大根愛が止まらない伊藤さん。商品開発チームの想いは遠藤食品のHPを見れば一目瞭然。メイン商材の生姜・ガリをはじめ、漬物のイロハに至るまで

アレンジレシピの可能性は無限大。上／さくら大根を使った野菜スティック　下／彩りも鮮やかなおにぎりスティック

ピクルスの代わりにさくら大根を使ったハンバーガーはボリュームも満点

SNSやHPを活用して情報を発信している商品開発担当の伊藤悠里さん

現代人にとって必須の知識がギッシリ！　特に栄養面の記載が見事。さくら大根物語はその中でも感動の輝きを放っている。

「創業以来、弊社が培ってきた漬物のノウハウや知識。どこまでさくら大根に応用やコラボ可能か、まだわかりませんが、私たち社員一同も楽しみながら色々と挑戦します」

社長曰く「商品開発関係は全部、伊藤はじめ若手社員に任せておりますので（笑）」

商品開発は後方で静かに見守るのが遠藤流。それを受け、関東ローカル系駄菓子の雄・さくら大根を受け継いだプレッシャーを楽しさに変えている伊藤さんはじめ若手の活躍に期待は膨らむばかりだ。

廃業それすなわち終売だった駄菓子業界。仮に廃業を決意されたメーカーが、仲間内でも、畑違いの他分野の会社にでも、気楽に事業譲渡の相談ができる土壌が整えば……。それがSave the DAGASHIの道に繋がって行くのかもしれない。なぜなら、大人もかつては子ども。みんな駄菓子が大好きなのだから。

遠藤食品の想いに触れ、明日へと続く一筋の駄菓子道が見えた気がする。

INFORMATION
遠藤食品株式会社
栃木県佐野市下彦間町697　☎0283-65-1111

誰もが口にしたことのある国内ガリのシェアトップを誇る遠藤食品

DATA

創業	令和1(2019)年
オーナー	中村暢孝
店主	岡野理美

名鉄瀬戸線の清水駅から尼ケ坂駅にかけての高架下に並ぶ「SAKUMACHI商店街」。尼ケ坂駅から徒歩2分に駄菓子屋・おかしたべたいが建つ

INTERVIEW 08

高架下の持続可能な駄菓子屋

おかしたべたい

カラフルな店内は見ているだけで心躍る

駄菓子とデザインの融合

名古屋駅から電車で15分。ベッドタウンとしても人気の高い、名鉄瀬戸線尼ケ坂駅から清水駅の約550mの高架下に、「SAKUMACHI商店街」が2019年3月29日にオープンした。

名古屋鉄道とエイトデザインが企画を手がけた尼ケ坂駅〜清水駅高架下再開発プロジェクト「SAKUMACHI商店街」は、飲食店や保育所、美容室にレコードショップなど生活と文化を支える店舗が並び、日常的に人が行き交う場所として、地域住民や駅利用者による多様な交流を促進している。周辺環境と一体化したまちづくりが認められ、2020年度グッドデザイン賞を受賞した。

そんなSAKUMACHI商店街の尼ケ坂駅寄り、徒歩２分の場所に建つのが、駄菓子専門店「おかしたべたい」だ。商店街の他の店舗と同じ片流れの屋根に紺色の壁面、大きく取られたウィンドウからはポップな店内が垣間見える。黄色とピンクを基調とした明るい店内。什器やディスプレイは子ども目線でデザインされており、いるだけで子どもも大人も楽しい気持ちになる。

「このお店は中高のときの友達から引き継いだものなんです」そう話してくれたのは、おかしたべたいの運営会社で、介護事業を営む株式会社３C（スリーシー）の代表・中村暢孝さんだ。中村さんは親会社で、同じく介護事業を展開する会社の代表取締役でもある。「“より良い福祉の未来を創造する”を企業理念として、老人ホームとデイサービスの事業を主力に展開しながら、これまでにない新しい介護サービスを考案しています。

写真撮影：編集部

今から2年くらい前に“ゼロ円で使えるデイサービス”を作れないかなと」

介護業界は介護保険法という法律の下で運営されている。事業者は一般の利用者からお金をもらうのだが、事業者がゼロ円で提供したいと言っても、その利用料を値引きすることすら違法になる。ではどうしたら値引きができ、ゼロ円にできるだろうと考えた末にたどり着いた結論が、値引きをするのではなく、施設にいる間にお金を稼いでもらおうという発想。利用者にレクリエーションの時間で、地域の方から依頼された仕事をしてもらい、そこで稼いだお金を利用料に充ててもらう。

飲食店やレコードショップ、保育所など多様な店が軒を連ねるSAKUMACHI商店街

「そこでやっと駄菓子屋さんに繋がるのですが、私自身昔から駄菓子屋が大好きで。学校から帰ったらすぐに家を飛び出して、今日はどこの駄菓子屋に行こうかという日常でした。私が子どもの頃は家の近くにまだ5、6軒ありましたから。今思えば、その時間というのが私にとって、すごく大切な時間でした。駄菓子屋さんって、ただのお菓子販売店ではないと思うんです。やはりそれ以上にその子どもたちの居場所という意味合いが強い。それを可能にしているのが、あのおじいちゃん、おばあちゃんだった。これをデイサービスでできないかなと考えました」

利用者である高齢者が運営する駄菓子屋を、事業所内に作る。そんな駄菓子屋と介護事業のコラボができないかとSNSで呟いたところ、中高の同級生が駄菓子屋をやっていることが判明。おかしたべたいの前経営者である同級生と久しぶりの再会を果たし、意気投合。富山の薬売り方式で、駄菓子をおかしたべたいから提供してもらい、売れた分だけ精算していくという、施設内での駄菓子屋を試験的に開始した。コロナ禍ということもあり、大々的にはできないもの

左／可愛いおうち型の棚に駄菓子が並ぶ　右／笑顔で子どもたちを迎える店主の岡野理美さん

SAKUMACHI商店街のプロジェクトは2020年度グッドデザイン賞を受賞した

の、今後はもっと大きな展開を考えている。

そんなやり取りから生まれた、おかしたべたいとの縁。2022年に入って、前経営者から色々な経営判断の中で、駄菓子屋の事業からの撤退を考えているとの相談が。
「やはり思い入れがあって作り込んだ駄菓子屋さんなので、単純にお金を出して買ってくれればどこでもいいというわけではなくて、相手を見極めて考えたいという相談を受けまして。私も彼には駄菓子の流通で2年くらいお世話になって、中高の同級生というのもあり、彼からももし中村君がやってくれるのであればというお申し出があり、2022年10月から事業を引き継ぐことになりました。私としても駄菓子と介護のコラボの可能性は無くしたくはなかったですし」

現在、お店の業務を取り仕切るのは、前経営者の時から勤めている岡野理美さんだ。
「以前は幼稚園教諭や、児童デイサービスに携わっていました。子どもと関わりたいということでこのお店で働くことになり、経営者が変わってからも引き続きお仕事をさせてもらっています」
店内のいたるところにいるキャラクターは、色々なお菓子をモチーフにした「カシタベモンスター」。オリジナルのキャラクターで、今やその数200種類を超える。カードやトートバッグ、キャップなど、カシタベモンスターをデザインした商品も販売しており、子どもたちにも大人気だ。イートインスペースもあり、お茶をしたり、せんべいに玉子焼きを挟んだたませんなどの駄菓子メシを楽しめる。

デザインと駄菓子が見事に融和した、おかしたべたい。今後の展望を中村さんに伺った。

オーナーの中村暢孝さんは
介護事業を展開する会社の
社長でもある

「今会社として、子ども食堂の事業もスタートさせました。毎日オープンしていて子どもが無料でご飯を食べることができ、かつ赤字にならないという仕組みが作れないかなと考えています。そこで考えているのが、まず駄菓子創作メニュー。ビッグカツにカレーをかけてビッグカツカレーとか、うまい棒を使ったフレーバーご飯、蒲焼さん太郎をちょっと出汁で煮た鰻丼のようなラインナップでランチをやったら面白いんじゃないかなと。あとはやはり子どもの居場所にしていきたいんですね。子ども食堂を会社持ち出しでやり続けると持続しないので、夜の営業もできないかなとか考えています。大人に駄菓子とお酒でお金を落としてもらって、それを子ども食堂の運営に充てる。大人の飲食代から子ども食堂の運営資金が出て、子どもの居場所を作っていくサイクルがイートインスペースを使うことによってできるんじゃないかなと思っています。駄菓子の販売は利益率が高い事業ではないですが、駄菓子を付加価値にして飲食が展開できれば、それが可能になるんじゃないか。介護施設と、子ども食堂がうまく合わさったモデルを次のスタンダードにしていけたらと思っています。そういう意味で、駄菓子屋はすごくいい入り口になります。前経営者から唯一無二の駄菓子屋を作りたいという思いは前から聞いていたので、その思いは引き継いでいきたいですね」

利用者が介護施設内で駄菓子屋を運営する"ゼロ円で使えるデイサービス"、大人の飲食代によって子どもたちに無料で食事を提供し、居場所を作る"子ども食堂"と、駄菓子屋を入り口に広がっていくビジネスモデル。持続可能な新しい形の駄菓子屋経営のスタイルが、高架下から生まれようとしている。

1
Coca-Cola

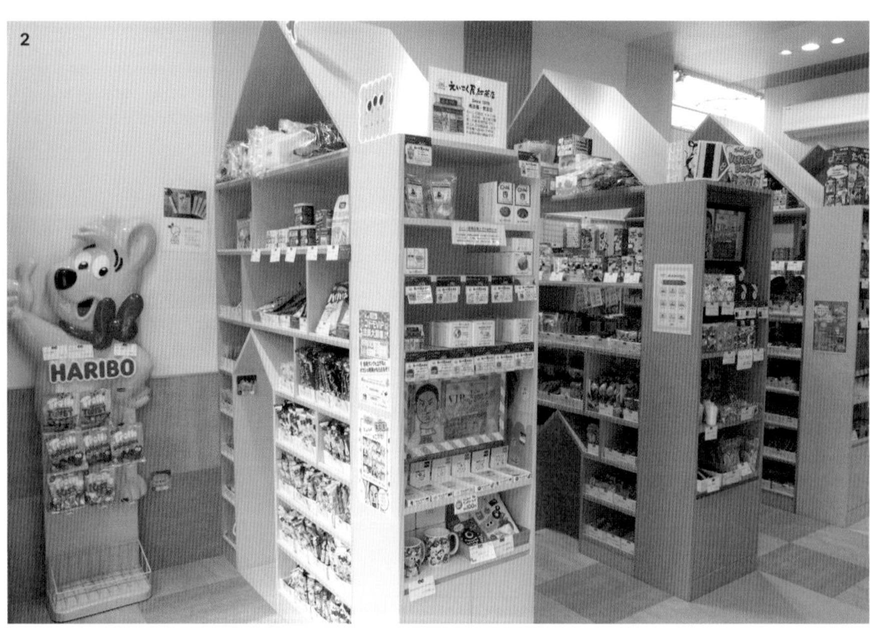
2
HARIBO

1.イートインスペースがあり、カフェとしても利用できる　**2**.壁面にも採光窓があり、明るい店内　**3**.お菓子をかたどったオリジナルキャラクター「カシタベモンスター」は現在200種類以上　**4**.おはじきの入ったランプが世界観を演出　**5**.たませんといった駄菓子メシの他、ドリンクも充実　**6**.Tシャツにキャップ、トートバッグなどカシタベモンスターのグッズも販売している　**7**.お店の中にいるカシタベモンスターを探すのも楽しい

INFORMATION

おかしたべたい
愛知県名古屋市北区大杉1-19-11
☎052-908-6580　営業時間：12：00〜18：00（土日 11：00〜18：00）
定休日：火曜日、第一水曜日　アクセス：名鉄瀬戸線「尼ケ坂駅」徒歩2分

COLUMN

(08)

駄菓子屋の過去・現在・未来

(前編)

座敷わらし効果

少しずつ増えている……。

顔に刻まれたシワでも、抜いても抜いても生えてくる白髪でも、いい歳こいて駄菓子バク食いにより蓄積された脂肪という名の鎧でもない。そんな四十路街道まっしぐらのおじさん（私）のやめられない止まらない身体的な自虐ではなくて。

本書の主人公である駄菓子屋が近年、姿・形を変化させつつ各地で増えているのである！

こう話すたびに人は驚く。中には「激動の昭和。その終焉とともに（無くなってしまった）……」と、哀愁を帯びた眼差しで回顧談を口にする方もいる。

子ども相手に商売をする駄菓子屋は、大人になるに連れその存在が見えなく（わからなく）なってしまうものなので、さもありなんと思うわけだが。

「駄菓子屋は座敷わらしのような存在」というのが私の持論である。

座敷わらし。岩手県に伝わる童の姿をした福の神ともいわれる妖怪。子どもたちにしか見えず、ともに笑い・泣き・遊んでくれて、座敷わらしのいる家・集落には幸せが訪れると言われている。

駄菓子屋は町の中や路地裏に佇み、善いことも悪いことも含め、子どもたちに社会の基本を勉強させてくれる存在。家・学校以外の居場所で、大人は容易に入ってこられない治外法権（不干渉）地帯である。

皆さんも経験があるのではないだろうか？　ときを経ても色褪せず、童心の頃を活き活きと蘇らせてくれる……。駄菓子屋のおじちゃん・おばちゃんとの悲喜こもごもの思い出が。駄菓子屋がある町には笑顔と幸せがあふれている。

駄菓子屋≒現在の座敷わらし（のような存在）であり、駄菓子屋のもたらす効用は「座敷わらし効果」と言えるのではないだろうか。

そもそも駄菓子屋って何？

その幸せを呼ぶ座敷わらしが、昨今増えているのは事実である。

ただし古い日本家屋の軒先に赤いガチャガチャと白いアイスの冷凍庫が鎮座し、中には駄菓子・玩具が無造作に置かれ、店主がおばあちゃんならばなおのことよしといった具合いの、いわゆる昔ながらの駄菓子屋のことではない。

そうした古き良き時代の駄菓子屋は年々減り続け、私が研究を始めた2011年の時点で、かなり少なくなっていたのが実状だ。

じゃあ、どういう店が増えているの？　そもそも、駄菓子屋って何？

辞書には「駄菓子屋とは主に児童を対象とした駄菓子を売る店。『一文菓子』を売る店」とだけ書かれているくらい。

えー？　それだけ??　そう思う方もいるだろうが、駄菓子屋の定義は確立しておらず、実はかなり曖昧なものである。

●駄菓子を売っている
●お客（子ども）がそこを駄菓子屋と思っている
●店主・店員に駄菓子屋（的）という自覚がある

私が定義を決めるとすれば、上記3つが満たされていれば駄菓子屋となる。

では、江戸期の上質な菓子に対して安価な意味の駄菓子より端を発し、戦前に至る、地産地消がメインだった旧・駄菓子屋時代は別の項（※コラム⑤参照）に譲るとして、戦後から今に至る系譜を簡単に記していきたい。

開店するのに特別な資格や許可、資本をあまり必要としないために、新規参入の障壁はどの時代も極めて低かったことは初めにお伝えしておく。

あけぼの～隆盛、そして斜陽の時代

【黎明期】※戦後～独立（1945年～1950年頃）
「ぜいたくは敵だ！」の大号令のもと、戦時体制下の『国民精神総動員法（配給制含む）』によりストップしていた菓子作りだったが、あんこ玉（植田製菓）、梅ジャム（梅の花本舗）、島田のラムネ（島田製菓）などの駄菓子作りが復活。今尚愛されている多くの中小駄菓子メーカーが創業、大手菓子メーカーも営業再開した。

瓦礫の山を掻き分け、トタン小屋の軒先、青空市スタイルなど、簡易的駄菓子屋が都市部各地に誕生。当たり付き（食玩）菓子なども発売を開始した。

店主は、戦争未亡人なども多数含まれていて、どちらかというとバッタ屋（正規ルートを通さない商品を売る店）的要素が強く、不衛生な駄菓子も多く出回っていた時代である。

【勃興期】※神武景気〜東京オリンピック（〜1964年頃）

ベビーブーマー世代（団塊の世代）が主役。朝鮮戦争特需で急ピッチに回復する経済活動、忙しい親と遊びたい盛りの子どもの数に比例し、ニューカマーの駄菓子屋・問屋・メーカーがたくさん誕生する。

「ビー玉・ベーゴマ・フーセンガムにニッキとメンコとおはじきと、あそうそう、竹とんぼ。やったわやった。懐かしいな〜」

駄菓子を買った子は前列、買えない（買わない）子は後ろで見てろ！　という、飴と鞭的な格差社会の痕跡を認めることができる紙芝居は、すごいシステムだと思う。

団塊世代が少年・少女だった頃。日本中が貧しかったけど楽しかった時代。

【隆盛期】※高度経済成長〜バブル崩壊（〜1990年頃）

第二次ベビーブーム世代が主役。新規開店する店に加え、学校そばの文房具屋が駄菓子を置いて鞍替えしたり、駄菓子屋もんじゃ、駄菓子屋ゲームセンターなど、他分野と融合する駄菓子屋プラスワンも増え、店自体が溜まり場の様相を呈する。

黎明・勃興期の店主（店）には存命の方もおり、まさに百花繚乱、多くの店が群雄割拠していた。

余談だが、オラが駄菓子屋「ババヤ」(※コラム①参照)、隣町の「みやこし」、初めてカツアゲされかけた駄菓子屋ゲーセン「いその（第2）」や、駄菓子屋もんじゃの「よこた」(※コラム⑥参照）など、少年時代の私が行ける駄菓子屋だけでも数軒はあった。それほどに駄菓子屋は多かったのだ。

ファミコンや少年ジャンプの漫画がともに隆盛を極めるも、その両者とも相性が抜群で共存共栄を果たしていた、今考えれば奇跡のような時代（駄菓子屋黄金時代）と言えよう。

【斜陽期】※失われた10年〜21世紀初頭

大店法の施行で忍び寄る大手の影。コンビニ・スーパーでも全国流通のメジャー駄菓子を扱うようになる。
さらに遊びの多様化、インターネットの普及に加え、少子化の進行に店主たちの高齢化も重なり、家賃のかからない土地持ち・家持ちの駄菓子屋でも存続が厳しく、駄菓子・玩具だけの店の多くは廃業、もしくはクリーニング店などに鞍替えしていった。
同じく苦境にたった小売店（おもちゃ屋・本屋・米屋など）が駄菓子を置いて多角化経営へと変貌。
その寺子屋的な要素も、店自体が放つぬくもりも、あまり世間に認識されぬまま、徐々に駄菓子屋＝『昭和の遺産』として見なされていく。
懐かしさを前面に出した昭和レトロな店や、大型SCに入る駄菓子ショップもでき始め、駄菓子自体の需要に陰りは少なかったものの、肝心の町の駄菓子屋は次々に姿を消していった。駄菓子屋冬の時代が到来した。

愛と青春の旅だち

失われた10年が、その後20年も続く（未だ継続中）とは思いもよらなかった。
中国をはじめ、新興国の台頭で国際的な存在感は落ちに落ち、町には空き家が、目抜き通りにはシャッター商店街が目立つようになり、駄菓子屋は完全に絶滅危惧種（レッドリスト）扱い。
駄菓子屋も、もう終わりか……。そう暗く沈んだ気持ちにSay Good Bye。
東日本大震災の【絆】の頃に発芽し、コロナの自粛で花開く。各地には、老いも若きも、専業も兼業も、個人での旗揚げも団体での旗揚げも、多種多様なかたちの駄菓子屋が現れ、街を盛り上げている。しかもこの“座敷わらし“たち、中々のハイテク使いのツワモノ揃いである。
全く新しい形態で営業したり、SNSを駆使したり、地域を巻き込んだり、福祉・教育分野とコラボレーションしていたりと、大人にもバッチリ見えるどころか、気づけば巻き込まれて共に協力する（楽しむ？）大人達が増加中。その胸中には、かつて自分たちがお世話になった、駄菓子屋のおばちゃん・おじちゃんへのリスペクトと思い出があることは言に及ばず。
それぞれが掲げる志を旗印に、走り続ける彼らとは……？
おっと、どうやら紙幅に限りがあるようだ。

後編に続く

U-kara
しんみせ
PACHINKO
ゲーム
玩具
営業中

INTERVIEW 09

商店街に佇む古くて"新"しい店

第二しんみせ

DATA

創業　昭和47(1972)年
店主　岩崎幸子

創業して50年。横浜市内でも有数の規模を誇る大口通商店街に移転してからすでに40年近くが経つ

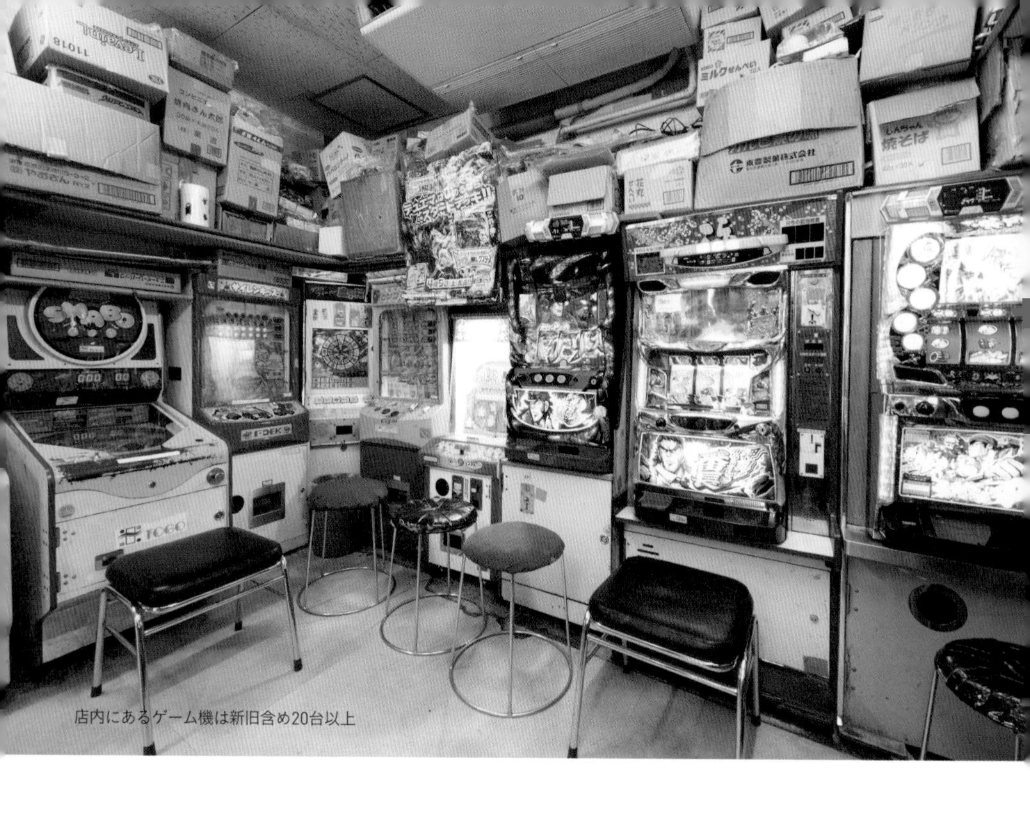

店内にあるゲーム機は新旧含め20台以上

おもちゃとゲームの小宇宙

店は横浜市神奈川区の東部、JR横浜線大口駅西口から徒歩4～5分のところにある。このあたりは戦前から栄えた横浜有数の商業地域で、全長380メートルにおよぶ大口通商店街には、生鮮食品を扱うお店、飲食店、洋品店、生花店、美容室、診療所、パチンコ屋などが約90店舗、軒を連ねている。

「昔の大口はほんと賑やかで、人が多かったんですよ。今では考えられないかもしれませんが、子どもを店で遊ばせている間にお母さんが買い物を済ませたりして、地域全体で子どもの成長を見守るような温かさがこの街にはあふれていました」

店主・岩崎幸子さんが店を始めたのは昭和47年（1972年）。2人の子どもを育てながら駄菓子屋を続け、昭和60年（1985年）12月に神奈川区七島町から、人通りの多い現在の場所に移転した。場所が変わって再スタートしたから、店名は「第二しんみせ」。近所の子どもたちは親しみをこめて「しんみ」などと呼んだ。

広さ10坪で奥行きのある店内は、通りに面した入口側が駄菓子とおもちゃのコーナー、奥側がゲームコーナーになっている。まず驚くのはおもちゃの種類と数の多さ。おはじき、ビー玉、メンコ、ベーゴマ、けん玉、紙風船、シャボン玉……、創業以来、子どもたちを夢中にさせてきた歴代のおもちゃが、おもちゃ博物館のように並んでいる。昭和の時代に大流行したキューピー人形やフラフープなども当時のまま売られていて、ふつうの店では中々手には入らないマニア垂涎の稀少品も隠れているらしい。もちろ

左／駄菓子はもちろんのこと、特筆すべきはおもちゃの種類の多さ　右／店内には古いおもちゃも。このベーゴマは往年のプロ野球選手の名前が刻まれている

ん駄菓子も充実している。岩崎さんは毎週欠かさず問屋に足を運び、商品を補充。品切れで子どもたちをがっかりさせたり、賞味期限が間近に迫る駄菓子を子どもたちに食べさせたりしたくないからだ。

なかでも賑わいを見せているのはゲームのコーナーだ。店にやってきた子どもたちは、最初に時代がかった骨董品のような両替機で100円玉を10円玉に両替。10円玉をメダル交換用のゲーム機に入れてメダルを手に入れる。レバーを弾きパチンコ玉があたりの穴に入ると、6枚・5枚・4枚のメダルを獲得。はずれに入ってしまうと本当は0枚なのだが、機械を少しだけ傾けると、たいがいは当たりの穴に落ちる。

店の2階はカラオケルームとして営業している

この裏ワザを教えてくれたのは、幸子さんの夫で昭和13年（1938年）生まれの正隆さん。小さな子どもがインチキをしても、ご夫婦は見て見ぬ振りをするのだとか。ちなみにメダル交換用のゲーム機は、正隆さんが古いガチャ（カプセル自動販売機）を改造して自分でつくったものだ。

「うちのゲーム機はどれも製造年が古いので、メーカーの修理を受けられませんが、夫は手先がとても器用だから簡単に直しちゃうんですよ。だから40年以上前のゲーム機もいまだに現役。夫はゲームの修理の他、店の開け閉めと、運転手として買い出しを手伝ってくれています」

店に並ぶ20台以上のゲーム機の中でとくに人気なのは、昭和の時代に製作された、いわゆる「レトロゲーム」。レバーを弾いてメダルをゴールの穴まで運ぶような単純なゲームは、コンピュータゲームに慣れ親しんでいる令和の子どもたちにも受けているという。

ケータイもスマホもない時代、店は伝言板の役割を担っていた。子どもたちは学校から帰ってくると、ランドセルを家に投げ入れて駆け足で「しんみ」へ。子どもたちは幸子さんに行き

先を告げ、それぞれの遊び場所に出かけていった。

「『おばちゃ〜ん、どこそこへ行くって○○ちゃんに伝えて』なんて…（笑）。昔は子どもたちの名前と顔を全部覚えていたけど、最近はとても覚えられない。それに今は学校が終わるのが遅いし、子どもたちが塾や習い事に忙しくて、以前のように外で友達と遊ばなくなったような気もします。そして最近の子どもたちは、おとなしいですね。昔の子どもたちはほんとにやんちゃでした（笑）」

　そう言って、ちょっぴり物足りなさそうな表情を浮かべた幸子さん。昔は地域のお目付役として子どもたちの行動に目を光らせ、悪さをすれば「出入り禁止にするよ！」と容赦なくしかりつけ、友達と喧嘩をしていたら仲直りの握手をさせ、楽しいことがあればいっしょに笑い、“不良”なんて呼ばれる少しやんちゃな子どもたちからは「しんみのおばちゃんを怒らせるな」と、おそれられる存在だったという。

　そして今、あの頃の子どもたちが大人になり、子どもを連れて遊びに来ることがある。

「親子三世代で遊びに来る人たちもいます。当時の子どもが40年ぶりに子どもを連れて遊びに来て、『おばちゃん、ちっとも変わってないね』なんてお世辞を言われると、嬉しいですね。不思議なのは、悪さをして私にしかられてばかりいた子ほど、社会に出てきちんと働いて立派な大人になっていること。そんな子どもたちの成長を間近で見られたことが、この仕事を続けてこられた原動力だったと今、感じています」

　半世紀にわたって地域の子どもたちに愛され、子どもたちが大人になった今でも楽しめる「第二しんみせ」。いつまでも続いてほしい貴重な駄菓子屋である。

店主の岩崎幸子さんと夫の正隆さん。営業中は幸子さんが立ち、
正隆さんは店の開け閉めとゲームの修理でサポートしている

INFORMATION

第二しんみせ
神奈川県横浜市神奈川区大口通35　☎045-434-3951
営業時間：平日12:30〜17:00　土日祝・学校の休日10:30〜17:00
定休日：火曜日　アクセス：JR横浜線「大口駅」徒歩4分

1.いろいろなゲーム機がある中でも人気なのはレトロなゲーム　**2**.お店の手前半分は駄菓子とおもちゃのエリア　**3**.店の奥にはたくさんのゲーム機がお出迎え　**4**.手先の器用な正隆さんが40年以上前のゲーム機も難なく修理する　**5**.店の真ん中にあるカウンター。椅子はあるものの幸子さんは座らず、ここで40年間子どもたちを見守ってきた

COLUMN

(09)

駄菓子屋の過去・現在・未来
(後編)

涙をこえて

2011年3月11日。多くの尊い人命や日々の営み、そして町そのものを奪い去り、日本中に大きな衝撃と悲しみを与えた未曾有の大災害、東日本大震災。懸命に復興を続ける被災地の方々の姿や、国内外から届くたくさんの支援や祈りの声に、人と人との"絆"の大切さを再認識された方も多かったのではないだろうか？

私にとっても、3.11は契機だった。仕事で現地に長期間滞在できなかったがゆえ、地元・東京下町で「なにか人のためにできることはないだろうか？」と考え、当時住んでいた町（江東区・深川）を隈なく歩いた結果、大人には見えない駄菓子屋という"座敷わらし"に出合い、駄菓子屋研究が始まったからだ。

普段外に働きに出ており、昼間の姿を知らなかったとはいえ、3、4年も住んでいた町に駄菓子屋が数軒残っていたことにとてつもない衝撃を受けた私は、勇気と敬意を持って（これが大事）店を訪ねた。

そこには適度な距離感と関係性を保ちつつ、繰り広げられる店主と子どもたちによる楽しげなやり取り、優しいぬくもり、種々の駄菓子が合わさったときに放たれる独特の匂いなど、どの店にも自分の少年時代とほぼ変わらぬ姿が何かしら残っており、すっかり駄菓子屋の虜になってしまった。

駄菓子屋は開業するのに特別な届け出を必要としないため、役所はおろかタウンページですらその実数を把握できておらず、当時ネット情報はほぼ皆無。HPを持っていたり、流行り始めていたSNSに登録している店主・関係者も少数で、探すのはアナログ中のアナログ手法である「耳目を頼りに足で稼ぐ」、ただ一択だった。

そして、見つけること以上に大変だったのが、店主にブログ掲載及び写真撮影の承諾を得ることであった。意外に思われるかもしれないが、当時は（今もだが）勝手に写真を撮られて嫌な思いをされたり、ネット上に写真が出まわることに警戒感をあらわにする店主も多く、許諾を得ることが本当に大変だった。

さらに、駄菓子屋の可能性や素晴らしさを声高に説いたところで、関係者以外からは理解されず、むしろ多くの人から小馬鹿にされ、心が折れかかったことは数知れず。

涙をこえていこう。輝く明日信じて……。

それでも頑張り続けてこられたのは、今となっては半数以上が廃業されてしまったが、私に貴重なお話と温かな言葉をかけてくださった駄菓子屋のおじちゃん・おばちゃんたちがいてくれたから。本当にありがとうございました。

駄菓子屋ニューウェーブ

「ねえさん、事件です」思わずそう言いそうになる……。なぜなら、駄菓子屋を開業する人が増え始めているからだ。定年退職後に自宅を改装したり、若い世代が本業に駄菓子売場を融合させたり、福祉分野と連携したり、そのアプローチは様々。

●家族で一緒に駄菓子屋をやってみたい！

●育った街に恩返しがしたい！

●近所に駄菓子屋が一軒も無い！

●子どもに「駄菓子も売ってよ」と頼まれた！

スタイルや、開業の動機も千差万別。中には、私の中学校の先輩後輩、母娘が下町のど真ん中に開いたお店や、「我が街の子は我が街で育てる」を旗印にフリースクール的な場づくりをしているお店、祖母の意志を引き継ぎ時空を超えて再スタートしたお店もあったり。しかし、そうしたニューカマーに共通している点がある。

それは、子どもの頃に通った駄菓子屋へのリスペクトであり、人と人との絆を最重要視している点。結果として【子どもたちが楽しみ⇔自分たちが楽しみ⇔地域が活性化する】と、三方良しの好循環を生み出している。

そのような新しい形の駄菓子屋が3.11を境に各地に現れた。それに伴い、懐かしさのみにスポットが当てられがちだった従来の駄菓子屋の意義が、自宅と学校や職場以外のサードプレイス（第3の居場所）的な側面、社会性を学ぶ寺子屋的側面と、純粋に楽しめるエンタメ的側面がミックスした、いわゆる「座敷わらし効果」として世間に認知されるようになってきたのだ。

駄菓子メーカーも、今現在の子どものみならず、かつての子どもたち（現在の大人たち）も実は駄菓子が大好きという事実に気が付く。大手メーカーは、大人向けに復刻商品やアッと驚くコラボ商品、新商品（フレーバー）の開発をして、多数の中小メーカーは原材料をはじめコストの高騰に対し知恵を絞って乗り切り、業界を大いに盛り上げた。

昼間働いている世代は、駄菓子BARでノスタルジックな思い出と駄菓子をつまみに酒を楽しんだり、大手SCに入る駄菓子ショップで子どもと一緒に買い物を楽しんだり……。

斜陽期を迎えたと思われた駄菓子（屋）文化だったが、ニューウェーブが巻き起こり再び盛り上がりを見せている。従来の懐かしさも　再度クローズアップされ、街にも子どもたちにとっても必要不可欠な、時代の象徴となったのだ。

そんなとき、コロナが襲来する……。

いざ！　駄菓子屋へ

自粛が続き、収束の兆しが見えないコロナ禍。肝心の子どもたちが自宅待機を余儀なくされては、「体が続くうちは……」と頑張ってこられた駄菓子屋も、子どもたちに「お願い。やめないで」と言われて踏ん張ってこられた駄菓子屋も、どうしようもない。「ここらが潮時……」とばかりに多くの駄菓子屋・問屋・メーカーが廃業の道を選んだ。

今度ばかりは、と心配していたのだが、それも杞憂に終わった。なぜなら、駄菓子屋文化の灯は消えるどころか再び燃え上がったからである。

自粛による外出制限はリモートの発展やSNSの浸透を促し、創業の新旧問わず、専業・兼業も問わず、お互いが相互フォローやシェアして関係を深める駄菓子関係者が増えた。メーカー・問屋も、家で退屈する子ども向けに駄菓子を詰め込んだセットなどを次々に企画、発売し、これがまたバズる。

イベントやお祭りを通じ地域を住人と一緒に盛り上げたり、ワンボックスカーで駄菓子の移動販売（出張駄菓子屋）をしたり、田舎と都会で二拠点で駄菓子屋をしたり、美容院に駄菓子屋を併設させたり、紙芝居劇を移動しながら上演したり……。

コロナがある程度収まっている時期に限られているとはいえ、「いざ！　駄菓子屋へ」と、皆が各々楽しみながら駄菓子屋文化を盛り上げているのである。

駄菓子アイドルあらわる！

2025年の万博開催を控え、食い倒れレベルにさらなる磨きが掛かる天下の台所・大阪。

ミニコーラ！
フエラムネ！
パインアメ！
うんチョコ！
都こんぶ！

その浪速の青空の下、次々に推し駄菓子を紹介する若き女子たちの声が響く。
声の主は、「da-gashi☆」。小学校6年生から高校2年生まで、ナナコ（小学6年生）、サエ（小学6年生）、コトカ（中学1年生）、エナ（高校2年生）、エマ（高校2年生）の駄菓子大好き5人娘で構成される、駄菓子アイドルだ。

オリオン株式会社、コリス株式会社、株式会社チーリン製菓、中野物産株式会社、パイン株式会社。ともに大阪を、いや、日本を代表するレジェンド駄菓子メーカー5

1.駄菓子大好き5人組ユニット、駄菓子アイドル・da-gashi☆　**2**.大阪府泉大津市にある駄菓子屋・どんぐりやの10周年イベントでライブを披露した

3.大阪を代表する全国区の駄菓子メーカー5社の協力を得て活動中　**4**.ライブ後にはお客様や子どもたちに無料で駄菓子を配布して、その魅力を発信している

社の協力を得て、ライブ活動やSNSでの発信を通して、駄菓子の魅力を世に伝えている。ライブ後にはお客様や子どもたちに無料で駄菓子を配布したり、駄菓子屋の周年イベントで無料ライブを行い、活動の場を広げている。

最近では、駄菓子屋の周年イベントなどでライブをすることにより、普段ライブ会場に足を運ぶ機会の少ない高齢世代・子どもたちとの交流も増えており、好循環の渦中にあると言えよう。

私は万感の思いを感じざるを得ない……。

なぜなら、駄菓子業界に点や線としてだけではなく、面としての繋がりが出てきたと実感しているからだ。

以前はメーカー⇔問屋・問屋⇔駄菓子屋といった「点と点」、地域内での問屋組合、メーカー同士の連合体の様な「線と線」、いわば横同士の関係性が主流だった。

それが、駄菓子アイドルda-gashi☆の活躍により、協賛であるメーカー⇔問屋⇔駄菓子屋とが垣根を超えて、斜めの関係強化といった“面”での広がりを見せ始めたのだ。

なんとも夢のある話ではないか！

いや、繋がりを深めているのは駄菓子関係者だけに限った話ではない。
da-gashi☆の歌声と華麗なるダンスとマニアックな駄菓子知識は、駄菓子から離れてしまった人たちをも魅了し、再び駄菓子の世界に引き戻しているのだから。
今後は積極的に地場の駄菓子屋とコラボして、子どもたちはもちろんのこと、地域住人たちと交流したいと話す駄菓子界のアイドルたち。
大阪周辺から始まり関西一円へ。そして将来は全国へと羽ばたいて欲しいと思っている。

駄菓子屋ルネッサンス

千葉県佐倉市の駄菓子屋「鳩♡頭巾」のオーナー・小山明子さんが中心となって誕生した某SNS上の参加駄菓子屋・問屋有志で構成されるグループ「駄菓子屋オーナー会議室」。先日、予定の合うメンバーたちとZoomで話し合う、「全国駄菓子屋サミット」なる企画で対談させていただいた。
北は新潟から、南は長崎まで。創業何十年の歴史を持つ老舗駄菓子屋・問屋から、開業間もないルーキー店主に至るまで、総勢20数名が一堂に会する、おそらく業界初の取り組み。延長に次ぐ延長で盛り上がりは最高潮。こうした革新的な取り組みは今後も増えていくだろう。
そして、私はこう思うのだ。古代ローマ・ギリシア時代の良い所を再評価し、文化、芸術、科学が大躍進を遂げた西洋版・温故知新運動である、復活・再生を意味する「ルネッサンス」。似たような動きが駄菓子業界に起きているのではないか、と。
福祉・教育分野やエンタメをはじめ様々な分野と融和発展し、大人にとっては懐かしく、子どもにとっては新鮮で、国内外の多くの人に楽しさを与えてくれて……。昭和とともにとか、滅びゆく文化とか、そういった考えこそがナンセンス。駄菓子屋ルネッサンスの時代到来である。東日本大震災、コロナ禍を経ても、強くしなやかに育つ路傍の花のように。駄菓子屋文化はこれからも、咲き誇っていくことを確信する。

INTERVIEW 10

DAGASHIで世界を笑顔に

日本一のだがし売場

DATA

創業　明治30(1897)年

店主　秋山秀行

巨大な倉庫がそのまま駄菓子屋になっている「日本一のだがし売場」

小さな子どもが選びやすいように、バラ売りの駄菓子は低く陳列されている

ここは駄菓子のテーマパーク

古くから日本刀の生産地として名高い備前長船。良質な赤目砂鉄の産地として刀工が発展し、岡山県瀬戸内市長船町では今もその伝統が受け継がれている。瀬戸内市内を走るのどかな県道39号備前牛窓線沿いに、突如として現れるたくさんののぼり旗と広大な駐車場。およそ駄菓子屋には見えない巨大な倉庫。ここが「日本一のだがし売場」だ。

敷地面積約18,000㎡、第1、第2合わせて250台が停められる駐車場を持ち、売り場面積は約2,500㎡。駄菓子屋としては文字通り日本一の広さを誇る。

日本一のだがし売場を運営する「株式会社大町」の歴史は、1897年（明治30年）にまで遡る。岡山市の西大寺観音院門前で料亭旅館を経営していたが、1952年、2代目の戦死により、妻の秋山玉恵さんが岡山市仁王町（現北区田町）で菓子卸を始めたのが、今の事業の大元となっている。その後2度の移転を経て、事業拡大に伴い1995年に現在の長船町に社屋を構えた。1999年には現社長の秋山秀行さんが代表取締役に就任した。

菓子卸を生業としていた大町が、今のように駄菓子も販売するきっかけとなったのが、2011年4月から敷地内に常設した菓子小売店「もったいない広場」だ。過剰生産や賞味期限が近い商品を安く販売し好評を博した。扱っていた「だがし」を通じて生まれる「こどもの笑顔」に感動し、日本中、世界中に「だがし」の魅力を発信するために「日本一のだがし売場」へ改称。

写真撮影：編集部

敷地面積約18,000㎡、250台が停められる2つの駐車場を完備、売り場面積約2,500㎡を誇る。その名に恥じない日本一のだがし売場だ

店に入ってまず驚くのは、その広さと品揃えだ。昔懐かしの駄菓子から、お祭りのときに売られているようなおもちゃ、駄菓子に合うように作られたお酒、おなじみの駄菓子のパッケージがデザインされた雑貨まで、常時5,000種類の商品が並び、駄菓子にまつわるあらゆるものが揃う。

定番の駄菓子ひとつとっても、全ての味の種類が一堂に会する姿はなかなかお目にかかれない。

店内は駄菓子コーナー、おもちゃコーナー、珍味コーナーなど、販売する商品がわかりやすくエリア分けされている。とりわけ目を引くのが、店の中にある駄菓子屋「シカダ駄菓子」とその隣に鎮座する「だがし神社」だ。シカダ駄菓子は漫画作品に出てくる駄菓子屋を再現。昔懐かしい駄菓子屋の中にも駄菓子が販売されている。だがし神社は菓子の神様・田道間守（たじまもり）を祀る神社で、和歌山県海南市にある橘本神社から分社された。

まさに駄菓子のテーマパークと言っても過言ではない、日本一のだがし売場。店内は写真撮影可能で、学生やカップル、3世代で訪れる客も多く、老若男女問わず楽しめるレジャースポットとなっている。

市内はもとより、関西圏からのお客さんも多い。来店者の多い土・日・祝日は、感染症対策のため、当日に店頭かWEBで入場券を発券し、入場制限を実施するほどの人気ぶりだ。

「すべては子どもの笑顔のためにやっています。みんなで思いついたことを話し合って、それは良いとなったらすぐ実行する社風ですね。駄菓子の陳列も子どもが手に取りやすいように低くしたり、お小遣いの予算内でうまくやりくりができるように、できる限り消費税込みで10円単位の価格にしています。また、子どもたちが計

左／広い店内も「だがし小学校」「スナック通り」といったネーミングの案内とともに楽しく回ることができる　右／でん六豆やココアシガレットなどの駄菓子に合うお酒も取り揃え、大人の需要も取り込む

日本一のだがし売場を運営する株式会社　大町の専務取締役、秋山創一朗さん

算しやすいよう、商品ひとつひとつに値段シールを貼っています。シール貼りは、社長含め、すべてのスタッフが協力してみんなで作業しています」
そう語ってくれたのは、株式会社 大町の専務取締役で、えがお発信隊の隊長でもある秋山創一朗さんだ。

また、株式会社 大町は発起人18社とともに、2015年4月、「一般社団法人DAGASHIで世界を笑顔にする会」を発足した。その代表理事を務めるのが、創一朗さんの父でもある社長の秀行さんだ。これまで関係が希薄だった駄菓子業界に、小売・卸・メーカーの垣根を超えて繋がりを作っていきたいと、“日本の菓子文化を広く世界へ発信し、世界平和に貢献する”を会の趣旨に活動の輪を広げている。

設立の目的は下記となる。

日本のだがしで世界に笑顔を

当法人は、日本の菓子の原点である「DAGASHI」が世界に認知され、世界中の人々の笑顔に貢献するため、次の事業を行います。

1. 「3月12日だがしの日」の認知度を高め、「だがしと笑顔の交換」を全国、世界へと拡げます。
2. 菓子製造企業・卸・小売店など業種業界を越えて交流・連携し、後継者問題や売場減少等の課題に直面する日本の菓子業界を活性化します。
3. 教育・福祉分野など、だがしの新たな市場開拓。
4. 障碍・貧困や虐待・被災で苦しむ子どもたちを応援し、子どもの笑顔から大人の笑顔へ絆を繋げます。

その活動のひとつに挙げられるのが、「だがしの日」に開催される全国のイベントだ。菓子の神様・田道間守を祀る橘本神社の前山宮司に、田道間守公が神様になった日（命日）はどうかとのアドバイスを受け、3月12日がだがしと笑顔を交換する「だがしの日」となった。毎年3月12日には、全国の幼稚園・保育園・施設を始め、コロナ禍にはエッセンシャルワーカーの方々のために医療施設へ駄菓子を寄贈。
その活動は年々広がりを見せており、7回目を迎えた2022年のだがしの日には、各地で自主的にイベントが開催され、外国としては初めてとなるカンボジアの養護施設を含め、全国各地407の施設に駄菓子を寄贈した。

卸問屋としての株式会社 大町、小売としての日本一のだがし売場、そしてDAGASHIで世界を笑顔にする会……。様々な角度から駄菓子業界を盛り上げている創一朗さんに、今後の業界の展望を聞いた。
「原材料費や燃料費の高騰に伴う、駄菓子の値上げというのは避けて通れないところです。ただ、10円の商品については子どもたちのために引き続き、頑張って価格を維持していきたいと思っています。また、駄菓子屋、卸問屋にとって、源流とも言える駄菓子メーカーの廃業も大きな問題です。廃業の理由としては、機械の故障・メンテナンスの問題や、後継者不在ということがあります。機械については、例えば業界として組合を作ってそこから補助金を出すであったり、後継者の不在についてはM&Aによって事業を継承していく。いずれにせよ、そのためには業界内で助け合ったり、情報の発信・共有が円滑になるような組合の存在が必要になってくるかと思います。私たちとしても、今後その橋渡しとなるような活動がしていきたいですね」
DAGASHIで世界を笑顔に。その夢は長船の町から着実に花開こうとしている。

だがし
神社
感動を
ありがとう
感動した
ぶんだけ
入れてね！
おみくじ
100円
だがし神社
おみくじ結び所

シカダ駄菓子
撮影自由
楽しい写真を
たくさんとってね♪
アイス

1.店内に鎮座するだがし神社は、菓子の神・田道間守をお祀りしている橘本神社(和歌山県海南市)より分社した　2.漫画作品に出てくる駄菓子屋『シカダ駄菓子』を再現。昔ながらの駄菓子屋の風情を楽しめる　3.おなじみの駄菓子のパッケージがデザインされたポーチや文房具はお土産にも人気　4.地域限定商品も含め、全てのレギュラーフレーバーのうまい棒が揃う　5.お客さんの多い土・日・祝は、感染症対策強化の一環で入場券を発券し入場制限を実施している　6.プラモデルのコーナーには社員の力作がディスプレイされている　7.「縁日屋敷」のコーナーでは、お祭りのときにしか見られないようなおもちゃが並ぶ

INFORMATION

日本一のだがし売場
岡山県瀬戸内市長船町東須恵1373-5　☎0869-26-6580
営業時間：平日10：00〜17：00　日祝9：00〜17：00
定休日：棚卸日、年末年始12/30〜1/3　アクセス：JR赤穂線「邑久駅」「長船駅」車15分

COLUMN

(10)

私には夢がある

終売駄菓子の復活

不惑を過ぎ、四十半ばにして、未だ高頻度で惑っている情けない私だが、五十で天命を知る為にも、叶えたい夢が二つある。

まずは駄菓子復古の大号令

すでに無くなってしまった駄菓子を復活させること。これが一つ目の夢である。

事業継続などにより、命脈を保った駄菓子について、他コラム（※コラム⑦参照）で紹介した。この偉業が成り立った背景には、志半ばで散っていった駄菓子が多く存在すること、賢明な読者の皆様ならばお気づきだろう。

全国区の終売駄菓子については、知っている人の数も多く、その名跡・足跡を辿ることは難しくない。しかし、各地のローカル系駄菓子や、既に終売して久しい駄菓子についてはそうはいかない。知っている人が少ない上、記録に残されておらず、人々の記憶の片隅から、糸口を発掘しなくてはならないからだ。

しかし今、駄菓子に追い風が吹いている。

皆で思い出そう。かつて大好きだったのに、いつの間にか無くなってしまったあの味、あの姿、あのネーミングを。そうすれば、近い将来必ず、復活への道は拓けると信じている。

私個人として、昔大好きだった、復活させたい終売駄菓子を数例紹介したい。

ソースいか

from 東京都江戸川区（桜加工所）

〜2000年頃終売。当時1個＝20円／1袋＝50円

真っ黒なソースタレで漬けたするめゲソ。真ん中にソースイカと書かれた白い箱は共通。大袋(50個位入り)の中からトングで取るタイプと、小袋入り(3〜4個)のタイプあり

牛丼スナック（リスカ）

〜1995年頃終売。当時1袋＝30円

カールのような形状、一粒ずつしっかりまとった牛丼パウダーが絶妙な味つけ。コンビニでも売られていたので、知っている人は多いはず。

味くらべ

from 東京都江戸川区（桜加工所）

〜2000年頃終売。当時1袋＝30円

酢で〆て赤みがかかったするめイカ(2枚)+昆布(1枚)が入った小袋タイプ。鼻孔をくすぐる強烈な酸味を今でも覚えている。ソースいか同様に、2000年頃終売。江戸川区上一色地区の再開発に伴う、日照不足が原因でイカを干せず、廃業したと聞く

HOLIDAY
RESORT

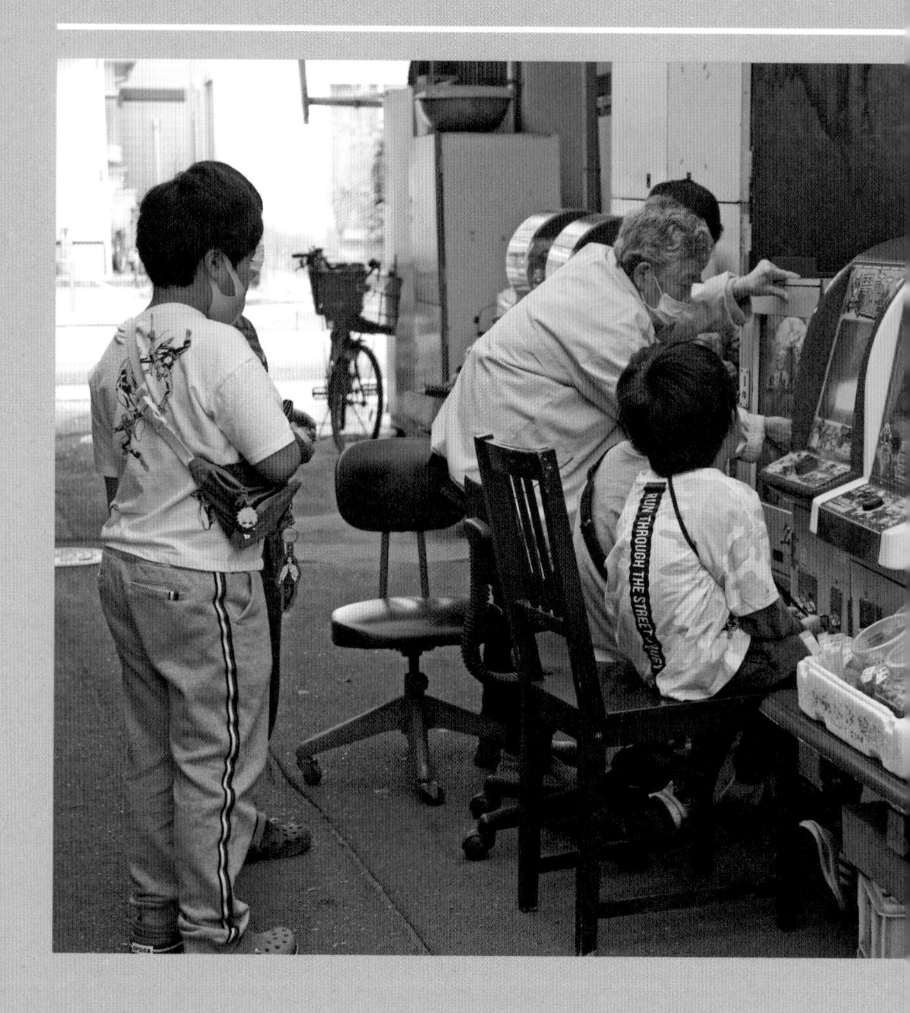

駄菓子屋文化を日本遺産に

まず日本遺産とは何か？

「日本遺産（Japan Heritage)」は地域の歴史的魅力や特色を通じて我が国の文化・伝統を語るストーリーを「日本遺産（Japan Heritage)」として文化庁が認定するものです。ストーリーを語る上で欠かせない魅力溢れる有形や無形の様々な文化財群を，地域が主体となって総合的に整備・活用し，国内だけでなく海外へも戦略的に発信していくことにより、地域の活性化を図ることを目的としています。（文化庁HPより）

たとえば
- かかあ天下（ぐんまの絹物語）
- 鮭の聖地の物語（根室海峡一万年の道程）
- 琉球王国時代から連綿と続く沖縄の伝統的な「琉球料理」と「泡盛」、そして「芸能」

など。

各地の伝統的な文化＝日本遺産として文化庁や各自治体・研究者・住民が一丸となりまとめ、国内外に発信するというとても魅力的でワクワクするプロジェクトだ。私はこの日本遺産に、駄菓子及び駄菓子屋文化を登録させたい。

ひとつの光明がある。

江戸期以降、南蛮菓子・郷土菓子の多くが長崎出島⇔長崎街道⇔小倉のルートで伝わった高価な白い『砂糖』により、模倣+創造+昇華された過程が、2020年日本遺産に登録されたのだ。

その名も『砂糖文化を広めた長崎街道〜シュガーロード〜』。出島から小倉まで、今すぐにでもGO TOしたくなるレベルの魅力的な文化である。

前述した通り、駄菓子とは、高価な『砂糖』の代役を探し求め、謂わば庶民たちによる長く困難なアドベンチャーの末に辿り着いた、日本独自の文化である。

白く高価な砂糖⇔黒く安価な黒糖、という表裏一体の歴史そのものなのだ。明治・大正期より、進化と深化を続け、廃業されれば“神化”さえする駄菓子屋文化。

そして、海外のお菓子・駄菓子（のようなもの。アジア圏は日本の模倣多し）を勉強してみて、改めて分かった駄菓子・駄菓子屋の持つ独創的な魅力の素晴らしさ。

現在の駄菓子関係者のみならず、今は亡き駄菓子屋のおじちゃん・おばちゃん、その御家族の想いも乗せて、絶対に叶えたい、私の夢である。

夢の実現に向けて

駄菓子復活。駄菓子屋文化を日本遺産に。

ともに、駄菓子屋ハンター・土橋真の一騎駆けでは成し遂げられない、果てしない夢。

皆様からの協力や、シェア・拡散といったチームプレーでパワー（元気）を結集させ、それがトレンドという名のうねりを引き起こさねば、達成はおろか戦いの場に到達することも叶わぬ高い壁なのだ。

まさかこの歳になって、この言葉を言う機会が巡ってくるとは思わなかった……。駄菓子関係者各位の皆様。各地の好事家や駄菓子ファンの方々。この本を読んでくださった読者諸氏。家族・親戚・友人一同は僕への情けで、駄菓子屋文化を未来に遺すため、オラに元気を分けてくれー！

ねらえ!
おとし!
メダル

CANDY STORE TOURS

—

昔ながらの佇まいの駄菓子屋。
駄菓子メシが楽しめる駄菓子屋。
レトロゲームが今も遊べる駄菓子屋。
SNSで繋がり、情報発信する駄菓子屋。
被災地の子どものためにできた駄菓子屋。
大人が子どもの居場所を支援する駄菓子屋。

それぞれの想いを持って営業する
全国各地の特色ある駄菓子屋を紹介する。

01

これぞ駄菓子屋の正統

原商店

今や珍しい土間と小上がりのある原商店

1.立派な梁が店の歴史を物語る　**2**.整然と並ぶ駄菓子の中に、子どもたちからのお礼の寄せ書きや贔屓の球団のポスター飾られている店内　**3**.優しい笑顔で子どもを迎える原茂英さん

伝統的な日本家屋、土間と小上がりに駄菓子が並べられた店内。大正時代、創業100年以上の老舗・原商店。店主の原茂英さんは3代目。先代の母・カツさんの名前が親から子どもたちに受け継がれ、今も「かっちゃんち」の愛称で親しまれている。ご自身も学生時代は野球に打ち込み、町内野球のコーチを長く務められ、また、長らく交通指導員として街角に立ち、地域の子どもたちを見守ってきた。「小さい頃に来てくれていた子が、大きくなって自分の子どもを連れてまた来てくれる。こんなに嬉しいことはないですよ」そう語る原さんの眼差しは、いつまでも温かい。

INFORMATION

原商店
群馬県邑楽郡邑楽町藤川150-4
☎0276-88-3602
創業：大正時代　店主：原茂英
営業時間：9：00〜17：30　定休日：なし
アクセス：東武鉄道小泉線「篠塚駅」車5分

02

住宅街のロッジで味わう本格お好み焼き

バッジ

店の名物・バッジ焼きは焼きそばも入ってボリューム満点

1.中村さんがゼロから作り上げたロッジ風の店内　2.丸太の椅子と机があるデッキで飲食可　3.鮮やかな手捌きでお好み焼きを焼く中村さん

店名はエリック・クラプトンとジョージ・ハリスン共作の楽曲から。ロッジ風のお店は、店主の中村髙一さんがゼロから作り上げたものだ。名物のお好み焼きは名店で修行した本場の味。運送業に従事していた中村さんが駄菓子屋を始めたのは、お好み焼き屋をやりたいという思いと、近くに子どもたちが集える場所を作りたいという強い地元愛から。「税金は負担するので、地域のお母さんたちに日替わりで店長として経営してもらい、僕は自然にフェードアウトできれば」店の今後について、そう語る中村さん。その目はあくまでも地域の子どもたちに向けられている。

INFORMATION

バッジ
千葉県市川市高谷1-11-6
☎047-328-3988
創業：平成16(2004)年　店主：中村髙一
営業時間：月〜土11:00〜19:00／日祝11:00〜18:00　定休日：日祝
アクセス：東京メトロ東西線「原木中山駅」徒歩4分

03

道南の駄菓子屋の未来と子どもたちのために

だがし屋ささき商店

親子3代で駄菓子を売ってきただがし屋ささき商店。地域の子どもたちの成長をお店も一緒にずっと見守ってきた。写真左が店主の佐々木絢人さん

写真提供：だがし屋ささき商店

1.おすすめの食べ方まで教えてくれる手書きのPOPからは、駄菓子愛と子どもたちへの想いが伝わる　**2**.店舗の２階は卸問屋業のスペース。全国から仕入れた駄菓子が出荷を控えている　**3**.店内はお菓子とおもちゃがところ狭しと並び、壁には大きな駄菓子の箱のディスプレイ。ワクワクがあふれる夢のような空間だ

小売店であり卸問屋でもある、だがし屋ささき商店。２年前、道南唯一の駄菓子問屋の廃業を知った店主の佐々木絢人さんが、その業務を引き継いだ。問屋業は右も左も分からない、しかもコロナ禍という最悪の時期だったが、「駄菓子屋の灯を消してはならない」という使命感だけはあった。子どもたちはいろいろな思いを佐々木さんに相談するという。「駄菓子屋は子どもたちにとって買い物のルールやコミュニケーションを学べる場。一学区にひとつ駄菓子屋があるのが理想です。今後は新たに駄菓子屋を始める人の手助けもしていきたい」と熱い想いを語ってくれた。

INFORMATION

だがし屋ささき商店
北海道函館市松風町10-5
☎0138-85-8621
創業：平成26(2014)年　店主：佐々木絢人
営業時間：夏期(4月〜9月)9：00〜18：30
冬期(10月〜3月)10：00〜18：00
定休日：火曜日(祝日の場合営業)、月に一度連休有り(要確認)
アクセス：函館市電大森線、
函館市電湯の川線「松風町駅」徒歩2分

04

心安らぐ縁側の駄菓子屋

まはろはな

庭と縁側に並べられたお菓子。まるで友達のおうちに遊びに行くかのよう

写真提供：まはろはな

1.下諏訪に移住したのは2021年。地域に根差しながらも、イベント出店で交流を広めている　**2**.東京の実家で続けてきた店の最終日。いつも笑顔で子どもたちを迎え続ける店主の鈴木美津枝さんと長女の優さん　**3**.不定期で開催される東京台東区の銭湯・富久の湯での出張駄菓子屋はいつも大盛況

「自宅の縁側で駄菓子屋さん」というアットホームなスタイルが特徴的な、まはろはな。店主の鈴木美津枝さんと長女の優さん母娘が、東京都台東区小島町の実家で、「子どもたちの元気な声が響く場所づくり」を目指したのが始まりだ。2021年に下諏訪へ移住してからは、常連客の声を受けて東京にも出張。かつての実家にほど近い民家のガレージで、月１回ペースで出店するほか、公園や銭湯などでイベントも行っている。「まはろ」はハワイ語で「ありがとう」の意味。駄菓子を通して、たくさんの人の笑顔を見られることが、鈴木さん母娘の原動力になっている。

INFORMATION

まはろはな
長野県諏訪郡下諏訪町矢木町30-2
☎090-7717-6712
創業：平成28(2016)年　店主：鈴木美津枝
営業時間：不定　定休日：不定休
アクセス：JR中央本線「下諏訪駅」徒歩10分

05

100年の リニューアルオープン

いぬまる商店

元々の「犬丸商店」は、犬丸優子さんの夫・浩さんの祖父で和菓子職人の清さんが明治時代末に創業したもの。昭和20年代に浩さんの父、政美さんが跡を継ぐと、和菓子店から駄菓子屋へと鞍替えした

写真提供：いぬまる商店

1.自宅の居間のように子どもたちが集う店内。犬丸さんは子どもたちから、まるちゃんと呼ばれ親しまれている　**2**.店の2階ではライブやトークイベントが開催される　**3**.こだわりのインテリアに美しく並べられた駄菓子

「地域の駄菓子屋という枠を越えて、"家の居間"にいるような雰囲気が味わえる場所、皆が知り合いで、助け合い補い合って、優しさに包まれるそんな場所であり続けたいです」

そう語るのは店主の犬丸優子さん。約100年間営業を続け、2010年に閉店した店を、子どもたちからかつての常連客までが心待ちにする中、2020年5月に駄菓子屋兼カフェ・いぬまる商店として再オープンさせた。店の2階ではライブや子ども落語会といったイベントも開催され、古くて新しいコミュニティの中心として日々地域の人たちを迎えている。

INFORMATION

いぬまる商店
福岡県北九州市戸畑区新川町6-8
inumarushouten
創業：令和2（2020）年　店主：犬丸優子
営業時間：13:00〜18:00
定休日：土日祝、夏季・冬季休暇有
アクセス：JR鹿児島本線「戸畑駅」徒歩10分

06

レトロゲームの あかりが今日も点る

美好菓子店

若いカップルも惹きつけるレトロゲーム

1.故障したらもう二度と直せない。遊べるのは今のうち　2.ヤマザキショップだった頃の名残のある店内　3.2代にわたってお店を続けてきた三橋さん

その名の通り、創業時はお菓子の量り売りで始まった美好菓子店。平成28年12月に97歳でお亡くなりになるまで、店主三橋勝さんのお母様がお店に立たれていた。店先に並ぶ古めかしい7台のゲーム機は動かないものもあるが、いまだに現役で稼働中。これを目当てに子どもも大人も店を訪れる。かつてはヤマザキショップだったこともあり、店内は駄菓子と玩具が見やすくレイアウトされている。「算数の勉強になるから、自分で計算させています」と今も消費税を取らない三橋さん。津田沼唯一の駄菓子屋として、今日も子どもたちを見守り続けている。

INFORMATION

美好菓子店
千葉県習志野市津田沼5-3-9
☎なし
創業：昭和29(1954)年　店主：三橋勝
営業時間：14:00〜17:00
土日 11:00〜17:00　定休日：雨天時
アクセス：京成本線「京成津田沼駅」徒歩7分

07

不便さも笑顔に変わる誰にとっても心地のよい場所

横さんち

車椅子ユーザーの店主・横さんがこだわったバリアフリーの店内は、子どもたちにとっても楽しく買い物できるようになっている。掛川祭り屋台の模型はスタッフ松本さんの力作

写真提供：横さんち

1.“みんなのじぃじ”と親しまれているスタッフ　**2**.不要なチラシや新聞を使ってスタッフが手作りしている名物のショッピングバッグ　**3**.横さんと妻の洋美さん。二人の結婚記念日（11月18日）がお店のオープン記念日でもある

「一人でも多く障害のある方が働ける場所を増やしたい」駄菓子屋横さんちには、さまざまな障害のあるスタッフ13人が働いている。店主の横さんは、もともと福祉教育をライフワークとしており、障害者と子どもたちが理解を深めることができる場所を作りたいと考えていた。IT企業・株式会社リツアンSTCの野中社長との出会いが横さんの想いを形に変えた。障害があるため、レジが遅かったり、スムーズにいかないことや不便なこともある。けれど、子どもたちは自然とスタッフを手伝ってくれる。思いやりと笑顔が生まれる場所、それが横さんちなのだ。

INFORMATION

横さんち
静岡県掛川市城下7-10
☎0537-28-7653
創業：令和1（2019）年　店主：横山博則
営業時間：平日　13:00〜17:00
土日祝　11:00〜17:00　定休日：なし
アクセス：JR東海道本線「掛川駅」
徒歩8分

創業者の末一（すえいち）さん
の名前から「いっちゃんち」
と今でも呼ばれることが多い

08

六叉路にある憩いの場

服部商店

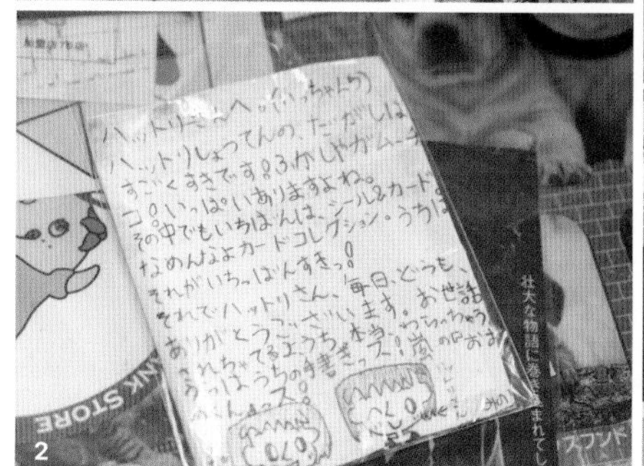

1.ブラジル人住民が多いことから店内のお知らせにはポルトガル語のものも　**2**.子どもたちからの嬉しいメッセージ　**3**.店主の服部光江さん。姉の典子さんと二人で切り盛りしている

車通りの多い6本の道の交差点にある服部商店。元々はタバコや塩などの専売品を取り扱っていた。3代目の服部光江さんは毎朝7時から子どもたちの通学の交通整理に立ってきた。手術を機に今はPTAに交通安全運動は引き継がれている。店内には子どもからの寄せ書きや、ご近所さんの手芸作品が飾られている。ブラジル人移民の多い大泉町らしく、しばらく見なかったお客さんが日本に戻り、顔を出すこともあるという。今は休止中だが、月に一度の紙芝居や読み聞かせも再開したいと語る光江さん。老若男女国籍を問わず、今も変わらず人々の憩いの場となっている。

INFORMATION

服部商店
群馬県邑楽郡大泉町寄木戸416-1
☎0276-63-4317
創業：昭和17(1942)年　店主：服部光江
営業時間：12:00〜18:00　定休日：日曜日
アクセス：東武鉄道小泉線「西小泉駅」車5分

09

100円から味わえる幸せのクレープ

淡路屋

東京オリンピック柔道女子金メダリストの阿部詩選手も通った淡路屋。小学生のときに「将来有名になる」と思い、サインをもらった。後にも先にもサインを頼んだのはこのときだけ

写真提供：淡路屋

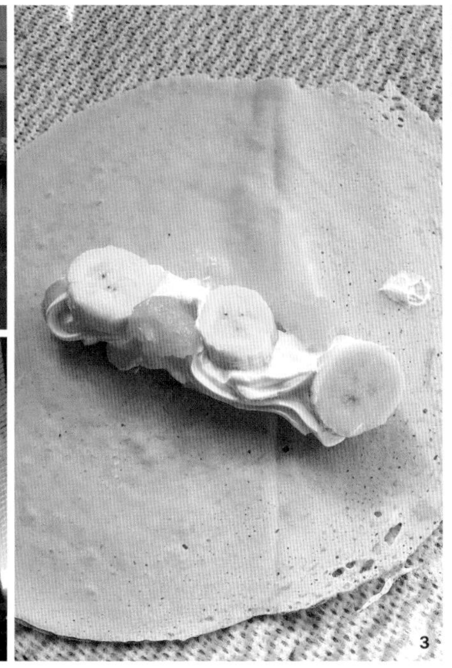

1.駄菓子はもちろんのこと、昭和レトロなおもちゃもあり、親世代も楽しめる　2.元々は定食屋だったお店でクレープを出し始めた。写真に写るのは祖母の故・きよ子さん、母・博子さん、そして3代目の由紀さん　3.名店で修行し、素材にもこだわった本格クレープが100円から楽しめる

時代に合わせてクレープ屋を始めようと、祖母の切り盛りする食堂の一角を借りてオープンしたところ、お客さんは子どもたちだけ……。そんなきっかけで、淡路屋3代目の伊藤由紀さんが1994年にスタートさせた駄菓子屋。ところ狭しと駄菓子が並ぶなか、玩具で遊べるミニスペースもあり、子どもたちに格好の社交場となっている。"常連さん"が考える裏メニューもあるのだとか。希望にはなるべく応えたいし、マナー違反があればきちんと叱るという伊藤さん。自分もお店をやってみたいという人にはノウハウを教えて、街に駄菓子屋を増やしたいと願っている。

INFORMATION

淡路屋
兵庫県神戸市兵庫区笠松通7-3-6
☎078-671-1939
創業：昭和33(1958)年　店主：伊藤由紀
営業時間：11:30〜18:30　定休日：月曜日
アクセス：JR和田岬線・神戸市営地下鉄海岸線「和田岬駅」徒歩4分

10

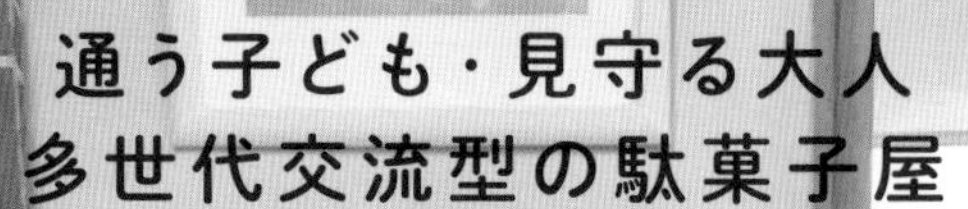

通う子ども・見守る大人
多世代交流型の駄菓子屋

だがしや かなん

小さな子どもから中高生、家族ぐるみで来られるお客さんも多い

写真提供：だがしや かなん

1.社会福祉士の資格を取り、“駄菓子屋ソーシャルワーカー®”として店を経営する店主の山永さん　**2**.店内には「小さなフリースクール・ひらけごま！」を併設。子ども食堂ならぬ多世代食堂を展開するとともに、ひきこもり家族会など多くの地域ボランティアを行っている　**3**.コロナ禍に開業5周年を記念して常連さんたちといっしょに作り上げた「だがしやかなん かるた」

「わが街の子はわが街で育てる」をコンセプトに、山永和子さんが開店。常連さんと一緒にオリジナルのかるたを作ったり、「オンラインdeラジオ体操」を開催するなど、駄菓子屋の枠を超えた活動も盛ん。家族ぐるみで通う人も多く、街の人たちの拠り所となっている。コロナ禍の大変な時期、節目節目で来ていた男の子二人の「俺らあと2年でハタチになる。そしたらここでいっしょに酒を飲もう」の言葉に、店を続けることを心に誓った。2020年には店内に“小さなフリースクール”が開設された。社会福祉士としての顔を持つ山永さんの想いがあふれる場所だ。

INFORMATION

だがしや かなん
東京都東久留米市幸町1-5-23
☎042-453-0048
創業：平成27(2015)年　店主：山永和子
営業時間：13:00〜17:00(夏季は13:00〜18:00)　定休日：月火木金
アクセス：西武鉄道池袋線「東久留米駅」徒歩15分

11

駄菓子の力で広める新しい地域のコミュニティ

まほうのだがしやチロル堂

上／地域で子ども達の成長を支える活動が認められ、2022年度のグッドデザイン大賞を受賞したチロル堂　下／1枚で軽食が食べられる「チロル札」

写真提供：まほうのだがしやチロル堂

1.ガチャガチャを回せるのは1日1回。カプセルには1〜3枚のチロル札が入っている　**2**.小学校の運動会でのクチコミがきっかけで、翌日の振替休日にはチロル堂が満員になった　**3**.夜に開かれる「チロル酒場」での大人の飲食代の一部が寄附される仕組み

店に来た子どもたちは、まず入り口にあるガチャガチャに100円を入れてダイヤルを回す。カプセルに入っているのは店の中だけで使うことができる「チロル札」。時に2枚、3枚であったりするのが、1つ目のまほう。100円分の駄菓子はもちろん、特製のカレーや手作りのポテトフライ、かき氷も1枚のチロル札で買うことができる。これが2つ目のまほう。このまほうを生み出すのは地域の大人たちだ。提供される大人向けの飲食メニューには全て寄付が付帯している。地域の子どもの居場所を大人たちが楽しみながら支えていくことができる仕組みがここにある。

INFORMATION

まほうのだがしやチロル堂
奈良県生駒市元町1-4-6
☎0743-61-5390　創業：令和3(2021)年
店主：吉田田タカシ・坂本大祐・石田慶子
営業時間：11:00〜18:00
チロル酒場18:30〜23:00
定休日：水日祝(夜は月火日)
アクセス：近鉄奈良線・けいはんな線・生駒線「生駒駅」徒歩1分

12

子どもと大人
ボーダーレスな駄菓子屋

なかむら屋

店主・中村邦宏さんと母・邦子さん。邦宏さんは中村屋酒店の4代目でもある

1.子どもはお菓子、大人はつまみとして駄菓子を嗜む　**2**.お酒のメニューがあるのも、角打ちのある酒屋ならでは　**3**.屋号の書かれた看板。酒屋の方は「中村屋酒店」、駄菓子屋は「なかむら屋」とひらがな表記

大正12年の創業から100年を迎える横浜市鶴見区の酒屋・中村屋酒店。角打ちもできる店の隣に立つのが、駄菓子屋・なかむら屋。25年ほど前に近所の駄菓子屋兼貸本屋が閉店する際に、現店主・中村邦宏さんの母と叔母が引き継ぎ、2008年に酒屋の隣に店舗を構えた。子どもはお菓子、大人はつまみを求め、境界なく店に集まる。「地域性もあるのかもしれないけれど、学校では教わらないルールを伝えるのも、このお店の役割だと思います」そう語る邦宏さん。酒屋と駄菓子屋、大人の場と子どもの場の新しい関係がここにある。

INFORMATION

なかむら屋
神奈川県横浜市鶴見区向井町3-76-2
☎045-501-3051
創業：平成9(1997)年頃　店主：中村邦宏
営業時間：11:00〜18:30
定休日：2と8がつく日
アクセス：JR京浜東北線「鶴見駅」
京急本線「京急鶴見駅」徒歩20分

13

変わりゆく時代を見つめ続けた老舗

吉田商店

子どもたちはもちろん、近くの工場で働く人たちも休憩時間に常連として訪れる吉田商店

1.近隣の小学校の体操着や上履きなども扱う、まさに町のよろず屋さん　2.チューインガムがきれいに収まる木箱。売れるとすぐに補充してしまうそう　3.中央に島式駄菓子ブースが鎮座。動線がうまく確保され、動きやすく、見やすい

多くの町工場が集う大田区本羽田。子どもも近隣の工場の従業員も訪れる吉田商店。文房具や体操着、パンにタバコも扱う、まさに町のよろず屋だ。店主の吉田きみ枝さんは祖母、母に続く3代目として、激動の時代を見つめ続けてきた。モダンな外観、高い吹き抜けの店のデザインは2004年の改築の際、一級建築士である店主の姪が手がけたもの。後継者の話になると、「娘が『私が定年になるまで（約15年後）、お母さん頑張ってよ！』って。正直そこまではツライよ〜」と笑顔で語るきみ江さん。それでも体の続くうちは店を続けたいと、熱い想いを伝えてくれた。

INFORMATION

吉田商店
東京都大田区本羽田3-17-7
☎03-3742-0980
創業：昭和25（1950）年頃
店主：吉田きみ枝
営業時間：7:00〜18:00
（土日は10:00〜17:30）　定休日：不定休
アクセス：京急空港線「大鳥居駅」
徒歩12分

開校日には子どもたちが続々登校し、店内はあっという間に大賑わい。一日中笑い声が絶えない幸せな空間となる

14

遊び場をなくした子どもたちとの約束

尋常小学校 石巻分校

写真提供：尋常小学校 石巻分校

1.店内は右半分が駄菓子コーナー、型抜きコーナーを挟んで、左半分には懐かしの筐体が並ぶ10円ゲームコーナーがある　**2**.尋常小学校 石巻分校には7年7組の教室、屋根裏美術室、図書室がある。図書室にある本は読み終えた本などと交換ができる　**3**.バネのおもちゃ「レインボースプリング」を耳に掛けた店主の杉浦直人さん

東日本大震災直後、幼稚園に炊き出しのボランティアをしていたとき、小さな子が「遊ぶ場所が全部なくなっちゃった」と言った。「ないなら作ろっか！」その子とした約束が尋常小学校　石巻分校の始まりだ。小学校の頃から駄菓子屋が大好きだったという店主の杉浦さんは、震災前から自身の地元の東京都葛飾区に駄菓子屋を作る準備をしていたが、その場所を急遽石巻に変更した。子どもたちに何か嫌なことがあったときに駆け込み寺になる場所、誰とでも話せる居場所を作りたかった。駄菓子屋でたくさんの体験をしてもらい、その文化を未来へと繋いで欲しいと願う。

INFORMATION

尋常小学校 石巻分校
宮城県石巻市錦町3-37　☎なし
創業：平成25(2013)年　店主：杉浦直人
営業時間：10:00から日没まで
(土日祝日の不定期営業)　定休日：平日
アクセス：JR仙石線「陸前山下駅」
徒歩3分

15

昭和の香り漂う
昔ながらの駄菓子屋

三徳屋

5代目店主の徳田正之さんと奥様。ずっとこの場所で子どもたちの成長を見てきた

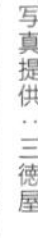

1.戦後、駄菓子の量り売りを始めた頃の写真。昔も今も駄菓子屋は子どもたちの居場所　**2**.店の奥にはレトロなおもちゃが並ぶ　**3**.世代を超えてお客さんが来てくれるのも、歴史ある店ならでは

「おもちゃ」「おかし」と、味のある看板にその歴史を感じる三徳屋。店の奥には懐かしい昭和のおもちゃが並ぶ。明治33年、日野駅の開業をきっかけにたばこの販売から始まった店は創業100年を超える。昭和25年頃から、駄菓子の量り売りを始めた。5代目になる店主の徳田正之さんは、子どもたちが楽しく買い物できるお店づくりを大切にしている。「お小遣いの中で一生懸命計算しながら駄菓子を買っていた子どもたちが、大人になって自分の子どもと一緒に来店してくれる。それが何よりも嬉しい」と正之さん。世代を超えた街の拠りどころとなっている。

INFORMATION

三徳屋
滋賀県蒲生郡日野町内池905
☎0748-52-2532
創業：明治33(1900)年　店主：徳田正之
営業時間：8：30〜18：50
定休日：水曜日
アクセス：近江鉄道本線「日野駅」徒歩1分

16

駄菓子とSNSで繋がり、広がる縁

駄菓子屋ゆうゆう

大阪府貝塚市を走るローカル線・水間鉄道主催の夏まつりでは、車両一両丸ごと駄菓子屋にした“駄菓子屋列車”に出店

写真提供：駄菓子屋ゆうゆう

1.大阪府泉大津市にある駄菓子屋『どんぐりや』さんの10周年記念イベントで大阪府の4つの駄菓子屋が集結。左から『駄菓子屋ゆうゆう』、『どんぐりや』、貝塚市『くぼたのだがしやさん』、八尾市『だがしやほおむず』各店の店主のみなさん **2**.駄菓子列車のイベントには『くぼたのだがしやさん』とコラボ出店。店主の古上さん（左端）は二人のお子さんと一緒に参加した　**3**.整然と陳列された棚には約280種類の駄菓子が並ぶ。値段ごとに色分けされた価格表がついているので子どもたちも買いやすい

子どもたちが笑顔で安心して楽しめる場所を残したいと、古上宜幸さんが本業の傍らに始めたのが駄菓子屋ゆうゆうだ。原点は、子どもの頃に毎日通っていた駄菓子屋。駄菓子やおもちゃが詰まった棚、ガチャポンやオリジナルのくじ引きなどがずらりと並ぶ広い店内。毎週土曜日には、SNSで知り合った人たちとコラボイベントを開催している。「今お店に来てくれている子どもたちが、将来結婚したときに親子で買いに来てもらえるように頑張りたい」と古上さん。SNSを通じて他の駄菓子屋との繋がりもでき、これからも新しい形のイベントを企画・実施していく。

INFORMATION

駄菓子屋ゆうゆう
大阪府大阪市大正区千島3-1-6-1F
☎090-9041-8260
創業：平成25(2013)年　店主：古上宜幸
営業時間：平日 15：00～18：00／
土曜 13：00～18：00　定休日：日曜日
アクセス：JR大阪環状線、大阪メトロ長堀鶴見緑地線「大正駅」徒歩20分

17

お互いの信頼で成り立つ 子どもたちの大切な居場所

駄菓子屋すーさん

上／店主の砂川博道さん。「すーさん」の愛称で子どもたちから慕われている
下／子どもたちは駄菓子を食べるだけでなく、宿題をしたり、すーさんに相談したりと思い思いの時間を過ごす

写真提供：駄菓子屋すーさん

1.学校が終わるとすーさんに集まる子どもたち。靴を脱いで、さながら友達の家に遊びに行くよう　**2**.店の奥の部屋には里親として引き取った爬虫類を飼育している　**3**.信頼関係があるからこそ店の会計は子どもたちに任せている。責任を持って店主を助けてくれている

職場に馴染めず退職。車上生活をしながら、たどり着いた愛知県・津島市で、楽しかった幼少期の思い出を胸に、砂川さんが駄菓子屋すーさんを開業したのは2017年のこと。すーさんにはいつも多くの子どもが集まる。不登校やいじめに悩む子どもにも砂川さんは真正面から向き合う。「不登校から立ち直った高校生がアルバイトの初任給で食事に誘ってくれました。遠慮しても、今まですーさんにしてもらったことに比べたら大したことないと、一番高い鰻重を注文してくれて。嬉しくてなかなか喉を通りませんでしたね」子どもたちの大切な居場所。それがすーさんだ。

INFORMATION

駄菓子屋すーさん
愛知県津島市宝町13
☎090-6616-6277
創業：平成29(2017)年　店主：砂川博道
営業時間：平日は学校の下校時間に合わせて
　　　　　土日祝は12:00〜18:30
定休日：水曜日
アクセス：名鉄尾西線「津島駅」徒歩5分

18

小売としても卸としても
駄菓子屋文化を残していきたい

オーザイ首藤

バラエティー豊かな駄菓子が整然と陳列された店内。棚の上にはプラモデルやフィギュアが飾られている

写真提供：オーザイ首藤

1.2代目店主の首藤健二さんと息子の順次さん　**2**.駄菓子問屋でもあるオーザイ首藤。店の隣の倉庫ではまとめ買いにも対応する　**3**.創業者の首藤茂さん。戦後の闇市で飴を製造販売するところから始まったのが前身となる首藤菓子店だ

昭24年に先代が大分市・小佐井の地で『首藤菓子店』として創業。坂ノ市へ移転後、菓子問屋兼、冷菓やカップ麺、パンなどを扱う今で言うコンビニのような商店になり、地元の人達に愛されていた。時代が流れバブルが弾けると、ディスカウントストアの登場などの影響で同業者が次々と姿を消していく。そんなときに現社長の首藤健二さんが目をつけたのが駄菓子。店名の由来である大在に駄菓子専門店を構えた。子どもから大人までみんなを笑顔にする駄菓子。卸問屋であり小売店としても夢を与える仕事に誇りを持ちながら、これからも駄菓子文化を継承していく。

INFORMATION

オーザイ首藤
大分県大分市汐見2-15-14
☎097-592-2827
創業：昭和24(1949)年　店主：首藤健二
営業時間：平日9:00〜19:00
　　　　　土日祝日10:00〜18:00
定休日：第1・第3・第5日曜日、お盆、正月、大型連休
アクセス：JR日豊本線「大在駅」徒歩20分

自宅のガレージを改装して作った店内には、子どもの目線に合わせて駄菓子やおもちゃが並べられている。喫茶店から譲ってもらった椅子や、昭和を感じるデザインのワゴンなどを什器に使い、レトロで懐かしい雰囲気がただよう

19

大好きな駄菓子と子どもたちの応援団

駄菓子と雑貨 鳩♡頭巾

写真提供：駄菓子と雑貨 鳩♡頭巾

1.駄菓子メーカーを応援する「小さなフェア」。ひとつの駄菓子やメーカーを取り上げ、お客さんに知ってもらう機会をつくっている。商品名の由来やパッケージについてなど、トリビア満載で興味をそそる　**2**.「小さなフェア」ではお客さんから駄菓子メーカーへの応援する手紙を書いてもらっている。応援メッセージは駄菓子メーカーへ届けられる　**3**.店主の小山さん。SNSではイベント情報や駄菓子のアレンジレシピなど、駄菓子に関する楽しい話題を配信している

入口には「ゴールドチョコレート」の空き箱製ロボット。店主小山さんの手づくりだ。駄菓子と雑貨 鳩♡頭巾は、小山さんの発想豊かな工夫とワクワクする仕掛けであふれている。その一つが「こんにちはカード」。お店に来て“こんにちは”と言うと1ポイントもらえる。何も買わなくても挨拶するだけでもらえて、貯まったポイントで買い物ができる。駄菓子の値上げが続く中、子どもたちを応援する取り組みだ。他にも、お店で駄菓子メーカー応援フェアを実施したり、駄菓子屋同士のコミュニティを立ち上げ情報交換・発信をして、駄菓子屋の楽しさを伝えている。

INFORMATION

駄菓子と雑貨 鳩♡頭巾
千葉県佐倉市上志津1599-18
不思議なgarageけるーむぽるん内
☎090-6165-8894
創業：平成30(2018)年　店主：小山明子
営業時間：14:00〜17:00
定休日：不定休(SNSにてご確認ください)
アクセス：京成本線「志津駅」南口から徒歩3分

用語一覧

あ

【一次問屋】…多くのメーカーから駄菓子を直接仕入れ、豊富な在庫量と知識を持つ大手の問屋。各地の二次問屋や、大手スーパーなどに卸す

【一文菓子】…江戸期、高価な白砂糖の代わりに安価な黒糖で作られた菓子のこと。雑菓子・番太郎菓子とも

【一文菓子屋】…かつて関西以西で呼ばれていた駄菓子屋の呼び名。今でも九州・沖縄などではそう呼ばれるケースもある

か

【カプセルトイ】…ガチャガチャ、ガチャポン、ガチャなど、年代・地域・会社名などにより、様々な呼び名のある小型カプセル自動販売機のこと

【期間限定菓子】…夏場に姿を消すチョコレート菓子などのこと

さ

【什器】…駄菓子BOX・駄菓子棚とも。駄菓子を陳列する棚。各店のオリジナリティとアイデンティティが随所に見られる

【準チョコレート】…カカオ分15％以上もしくはカカオ分7％以上かつ乳固形分12.5％以上の準チョコレート生地を全重量の60％以上使用したもの

【錠菓】…タブレット菓子といわれる、成形された錠剤型固形菓子のこと

【食玩】…「おまけ」入りの食品・飲料の総称。業界用語で玩具菓子・玩菓とも

た

【駄菓子屋ゲーセン】…駄菓子屋と簡易的なゲームセンターが合体した店

【駄菓子屋ゲーム】…10円ゲームとも呼ばれる。パチンコの様な形態で、ゴールに辿り着くとメダル（その店で駄菓子と交換可能）がもらえる

【駄菓子の里】…多くの駄菓子問屋・メーカーが点在する地区。名古屋市西区（明道町）を筆頭に、大阪市中央区・松屋町、東京都台東区・蔵前、墨田区・錦糸町、荒川区・日暮里、埼玉県・川越市など

【駄菓子屋メシ】…主に駄菓子屋で調理される創作料理。たこ焼きやもんじゃをはじめ、トッピングに駄菓子を取り入れたものも多い

【地球瓶】…フタが真上についている球状の瓶。量り売りの時代はよく用いられた。今でも現役で使用している駄菓子屋も多い

【地方卸】…都市部の一次問屋ないし比較的規模の大きい二次問屋が、年１～2地方の中小問屋を回るビジネススタイル

な

【生菓子】…日本の風土・気候に合わせ発展してきた常温保存の菓子の内、水分量を30％以上含むもの。代表的なものとして和菓子類が挙げられる

【二次問屋】…各地域に根付き、そのエリアの駄菓子屋に駄菓子を卸す業界流通の要

【猫瓶】…丸まった猫の様な形。フタが斜めについているガラス製の瓶。近年はプラスチック製の容器が主流で、駄菓子の収納にピッタリ

は

【半生菓子】…日本の風土・気候に合わせ発展してきた常温保存の菓子の内、水分量を10％～30％含むもの。ヤングドーナッツなど

【ファブレス企業】…Fabrication facility lessの略語。自社で製造工場（Fabrication facility）を持たずに製品企画・開発・リサーチに特化する企業。駄菓子業界では㈱やおきんが有名

【ポン菓子】…米などの穀物に圧力をかけて一気に膨張させてできる菓子の総称。でき上がりの過程で鳴る『ポン』という破裂音から命名

ま

【水ジュース】…飲料系駄菓子の総称

【昔遊び】…けん玉、ベーゴマ、ビー玉、メンコにおはじき、あやとりなど。今でも取り扱う駄菓子屋は多い

ら

【ローカル系駄菓子】…流通・生産量などにより、各地方（県）内メインで販売されている駄菓子。隠れたブームになりつつある

Coconut Rusk
Japan
Rusk
Foods

KIKKOMAN
キッコーマン

おわりに

売ってよし。買ってよし。世間よし。近江商人の精神「三方良し」を体現していると言っても過言ではない、駄菓子屋。産声あげし江戸の黎明期から、陽はまた昇る令和の現代まで。北は北海道から南は沖縄まで。

全国各地の駄菓子屋を軸に、メーカー・問屋の現状、駄菓子・駄菓子屋の歴史や輝かしい未来への希望まで、古今東西の駄菓子屋文化を紹介した。

本書が、駄菓子屋開業を目指す人や、駄菓子屋を訪れる読者の参考や手引、後進の研究の一助になれば幸いである。

コロナ禍で取材はおろか、各種の調整さえも難航が続く中、刊行できたのは多くの方々のおかげである。本書には載せていないが、今まで訪れ、話を聞かせてくれた駄菓子屋のおじちゃん・おばちゃんたちとの思い出が何よりの参考文献になったことは、まず伝えておきたい。

駄菓子屋文化に興味を持ち、ここまで読んでくださった読者の皆様。

取材に快く応じてくれた駄菓子屋・問屋・メーカーの方々を筆頭に、全国各地の駄菓子関係者の皆様。

亡くなってしまわれたり、店を閉められたり……。今なお各地の子どもたちの心の中で生き続ける駄菓子屋のおじちゃん・おばちゃんたち。

SNSで私の活動を応援してくれる友人、知人の皆様。

会社員と駄菓子屋研究の二足のわらじスタイルを誰よりも応援してくれる勤務先の社長と、社員の皆、そしてステークホルダーの皆様。

皆々様には、実る稲穂レベルに頭を垂れたい。

また、家事育児も落第スレスレのダメ亭主の趣味を大目に見てくれる妻と、父の大事なストック駄菓子を鵜の目鷹の目で発掘する、駄菓子トレジャーの息子・娘には、忘れかけていた見つけることへの情熱を改めて教わった。

母、兄家族に加え、駆け出しの頃から応援してくれる大阪出身のY、幼馴染のG、学生時代の悪友 C 、義兄のY兄さん、皆の応援にも報いていきたい。

そして。

「お前が本を出したら、100冊買ってやる」と言う約束を果たす前に逝った父。

駄菓子研究の祖である石橋幸作氏。

私の原点とも言える、ババヤのおばちゃん、よこたのおばちゃん。

天国で見ていてくれるであろう、忘れ得ぬ優しいぬくもりたちに感謝しつつ、筆を置くことにする。

少年時代の頃と変わらぬ、穏やかな隅田川の流れを見ながら……。

土橋 真

600
チビッコ
ドリン
ONE CUP DRIN
NET. CONTE

土橋 真（どばし まこと）

駄菓子屋文化研究家。生まれも育ちも東京浅草。1980年代、多感な少年時代を下町の本場で揉まれ、オラが駄菓子屋「ババヤ」や、他校区の駄菓子屋での様々な経験を通じ、良いこと悪いこと含め多くを学んだ後、駄菓子屋通いを無事に卒業。長じて2011年。ある日、偶然見つけた小さな駄菓子屋に、少年時代の終焉から離れていた長きブランクを乗り越え入店。子どもの頃には気づかなかった素晴らしき役割に感動し、駄菓子屋通いを再開する。耳目を頼りに足で稼ぐアナログスタイルで駄菓子屋を探しあて、店主から話を聞き、まとめたブログ『大切なことはすべて駄菓子屋が教えてくれた』で、現代駄菓子屋事情を活き活きと描き、絶滅危惧種説を払拭し、世間を驚かせる。会社員として働きながら、『マツコの知らない世界』や『日本経済新聞文化欄』など多数のメディアに出演し、駄菓子屋文化の今を鮮やかに発信中。

監修：土橋 真
写真：金子怜史
編集協力：村瀬航太
デザイン：細山田光宣＋松本 歩（細山田デザイン事務所）
編集：齋藤徳人（TWO VIRGINS）

全国駄菓子屋探訪

2023年1月31日 初版第1刷発行

executive producer　Blue Jay Way

発行者：後藤佑介
発行所：株式会社トゥーヴァージンズ
〒102-0073
東京都千代田区九段北4-1-3
電話：(03) 5212-7442
FAX：(03) 5212-7889
https://www.twovirgins.jp/
印刷所：株式会社シナノ

ISBN：978-4-910352-39-8